Dichtungen und Schriften

Georg Büchner

Dichtungen und Schriften

Könemann

© 1997 Könemann Verlagsgesellschaft mbH
Bonner Str. 126, D-50968 Köln

Herausgegeben von Rolf Toman
Herstellungsleiter: Detlev Schaper
Covergestaltung: Peter Feierabend
Satz und Gestaltung: Thomas Paffen, Münster
Printed in Hungary
ISBN 3-89508-692-4

Inhalt

Dichtungen

Dantons Tod

Ein Drama

Personen

GEORG DANTON
LEGENDRE
CAMILLE DESMOULINS
HÉRAULT-SÉCHELLES
LACROIX
PHILIPPEAU
FABRE D'ÉGLANTINE
MERCIER
THOMAS PAYNE
} Deputierte des Nationalkonvents

ROBESPIERRE
ST. JUST
BARÈRE
COLLOT D'HERBOIS
BILLAUD-VARENNES
} Mitglieder des Wohlfahrtsausschusses

CHAUMETTE, Prokurator des Gemeinderats
DILLON, ein General
FOUQUIER-TINVILLE, öffentlicher Ankläger

AMAR
VOULAND
} Mitglieder des Sicherheitsausschusses

HERMAN
DUMAS
} Präsidenten des Revolutionstribunals

PARIS, ein Freund Dantons
SIMON, Souffleur
WEIB SIMONS
LAFLOTTE
JULIE, Dantons Gattin
LUCILE, Gattin des Camille Desmoulins

ROSALIE
ADELAIDE
MARION
} Grisetten

Damen am Spieltisch, Herren und Damen sowie junger Herr und Eugenie auf einer Promenade, Bürger, Bürgersoldaten, Lyoner und andere Deputierte, Jakobiner, Präsidenten des Jakobinerklubs und des Nationalkonvents, Schließer, Henker und Fuhrleute, Männer und Weiber aus dem Volk, Grisetten, Bänkelsänger, Bettler usw.

Erster Akt

Hérault-Séchelles, einige Damen am Spieltisch.
Danton, Julie etwas weiter weg, Danton auf einem Schemel zu
den Füßen von Julie.

DANTON. Sieh die hübsche Dame, wie artig sie die Karten dreht!
Ja wahrhaftig, sie verstehts; man sagt, sie halte ihrem Manne
immer das coeur und anderen Leuten das carreau hin. – Ihr
könntet einen noch in die Lüge verliebt machen.

JULIE. Glaubst du an mich?

DANTON. Was weiß ich! Wir wissen wenig voneinander. Wir sind
Dickhäuter, wir strecken die Hände nacheinander aus, aber es
ist vergebliche Mühe, wir reiben nur das grobe Leder aneinan-
der ab – wir sind sehr einsam.

JULIE. Du kennst mich, Danton.

DANTON. Ja, was man so kennen heißt. Du hast dunkle Augen
und lockiges Haar und einen feinen Teint und sagst immer zu
mir: lieber Georg! Aber *(er deutet ihr auf Stirn und Augen)* da,
da, was liegt hinter dem? Geh, wir haben grobe Sinne. Einan-
der kennen? Wir müßten uns die Schädeldecken aufbrechen
und die Gedanken einander aus den Hirnfasern zerren. –

EINE DAME *(zu Hérault)*. Was haben Sie nur mit Ihren Fingern
vor?

HÉRAULT. Nichts!

DAME. Schlagen Sie den Daumen nicht so ein, es ist nicht zum
Ansehn!

HÉRAULT. Sehn Sie nur, das Ding hat eine ganz eigne Physio-
gnomie. –

DANTON. Nein, Julie, ich liebe dich wie das Grab.

JULIE *(sich abwendend)*. O!

DANTON. Nein, höre! Die Leute sagen, im Grab sei Ruhe, und
Grab und Ruhe seien eins. Wenn das ist, lieg ich in deinem
Schoß schon unter der Erde. Du süßes Grab, deine Lippen

sind Totenglocken, deine Stimme ist mein Grabgeläute, deine Brust mein Grabhügel und dein Herz mein Sarg. –

DAME. Verloren!

HÉRAULT. Das war ein verliebtes Abenteuer, es kostet Geld wie alle andern.

DAME. Dann haben Sie Ihre Liebeserklärungen, wie ein Taubstummer, mit den Fingern gemacht.

HÉRAULT. Ei, warum nicht? Man will sogar behaupten, gerade die würden am leichtesten verstanden. – Ich zettelte eine Liebschaft mit einer Kartenkönigin an; meine Finger waren in Spinnen verwandelte Prinzen, Sie, Madame, waren die Fee; aber es ging schlecht, die Dame lag immer in den Wochen, jeden Augenblick bekam sie einen Buben. Ich würde meine Tochter dergleichen nicht spielen lassen, die Herren und Damen fallen so unanständig übereinander und die Buben kommen gleich hintennach.

Camille Desmoulins und Philippeau treten ein.

HÉRAULT. Philippeau, welch trübe Augen! Hast du dir ein Loch in die rote Mütze gerissen? Hat der heilige Jakob ein böses Gesicht gemacht? Hat es während des Guillotinierens geregnet? Oder hast du einen schlechten Platz bekommen und nichts sehen können?

CAMILLE. Du parodierst den Sokrates. Weißt du auch, was der Göttliche den Alcibiades fragte, als er ihn eines Tages finster und niedergeschlagen fand: »Hast du deinen Schild auf dem Schlachtfeld verloren? Bist du im Wettlauf oder im Schwertkampf besiegt worden? Hat ein andrer besser gesungen oder besser die Zither geschlagen?« Welche klassischen Republikaner! Nimm einmal unsere Guillotinenromantik dagegen!

PHILIPPEAU. Heute sind wieder zwanzig Opfer gefallen. Wir waren im Irrtum, man hat die Hebertisten nur aufs Schafott geschickt, weil sie nicht systematisch genug verfuhren, vielleicht auch, weil die Dezemvirn sich verloren glaubten, wenn es nur eine Woche Männer gegeben hätte, die man mehr fürchtete als sie.

HÉRAULT. Sie möchten uns zu Antediluvianern machen. St. Just säh es nicht ungern, wenn wir wieder auf allen vieren kröchen, damit uns der Advokat von Arras nach der Mechanik des Genfer Uhrmachers Fallhütchen, Schulbänke und einen Herrgott erfände.

PHILIPPEAU. Sie würden sich nicht scheuen, zu dem Behuf an Marats Rechnung noch einige Nullen zu hängen. Wie lange sollen wir noch schmutzig und blutig sein wie neugeborne Kinder, Särge zur Wiege haben und mit Köpfen spielen? Wir müssen vorwärts: der Gnadenausschuß muß durchgesetzt, die ausgestoßnen Deputierten müssen wieder aufgenommen werden!

HÉRAULT. Die Revolution ist an das Stadium der Reorganisation gelangt. – Die Revolution muß aufhören, und die Republik muß anfangen. – In unsern Staatsgrundsätzen muß das Recht an die Stelle der Pflicht, das Wohlbefinden an die der Tugend und die Notwehr an die der Strafe treten. Jeder muß sich geltend machen und seine Natur durchsetzen können. Er mag nun vernünftig oder unvernünftig, gebildet oder ungebildet, gut oder böse sein, das geht den Staat nichts an. Wir alle sind Narren, es hat keiner das Recht, einem andern seine eigentümliche Narrheit aufzudringen. – Jeder muß in seiner Art genießen können, jedoch so, daß keiner auf Unkosten eines andern genießen oder ihn in seinem eigentümlichen Genuß stören darf.

CAMILLE. Die Staatsform muß ein durchsichtiges Gewand sein, das sich dicht an den Leib des Volkes schmiegt. Jedes Schwellen der Adern, jedes Spannen der Muskeln, jedes Zucken der Sehnen muß sich darin abdrücken. Die Gestalt mag nun schön oder häßlich sein, sie hat einmal das Recht, zu sein, wie sie ist; wir sind nicht berechtigt, ihr ein Röcklein nach Belieben zuzuschneiden. – Wir werden den Leuten, welche über die nack-

13

ten Schultern der allerliebsten Sünderin Frankreich den Nonnenschleier werfen wollen, auf die Finger schlagen. – Wir wollen nackte Götter, Bacchantinnen, olympische Spiele und von melodischen Lippen: ach, die gliederlösende, böse Liebe! – Wir wollen den Römern nicht verwehren, sich in die Ecke zu setzen und Rüben zu kochen, aber sie sollen uns keine Gladiatorspiele mehr geben wollen. – Der göttliche Epikur und die Venus mit dem schönen Hintern müssen statt der Heiligen Marat und Chalier die Türsteher der Republik werden. – Danton, du wirst den Angriff im Konvent machen!

DANTON. Ich werde, du wirst, er wird. Wenn wir bis dahin noch leben! sagen die alten Weiber. Nach einer Stunde werden sechzig Minuten verflossen sein. Nicht wahr, mein Junge?

CAMILLE. Was soll das hier? Das versteht sich von selbst.

DANTON. O, es versteht sich alles von selbst. Wer soll denn all die schönen Dinge ins Werk setzen?

PHILIPPEAU. Wir und die ehrlichen Leute.

DANTON. Das »und« dazwischen ist ein langes Wort, es hält uns ein wenig weit auseinander; die Strecke ist lang, die Ehrlichkeit verliert den Atem, eh wir zusammenkommen. Und wenn auch! – den ehrlichen Leuten kann man Geld leihen, man kann bei ihnen Gevatter sein und seine Töchter an sie verheiraten, aber das ist alles!

CAMILLE. Wenn du das weißt, warum hast du den Kampf begonnen?

DANTON. Die Leute waren mir zuwider. Ich konnte dergleichen gespreizte Katonen nie ansehn, ohne ihnen einen Tritt zu geben. Mein Naturell ist einmal so. *(Er erhebt sich.)*

JULIE. Du gehst?

DANTON *(zu Julie).* Ich muß fort, sie reiben mich mit ihrer Politik noch auf. – *(Im Hinausgehn.)* Zwischen Tür und Angel will ich euch prophezeien: die Statue der Freiheit ist noch nicht gegossen, der Ofen glüht, wir alle können uns noch die Finger dabei verbrennen. *(Ab.)*

CAMILLE. Laßt ihn! Glaubt ihr, er könne die Finger davon lassen, wenn es zum Handeln kömmt?

HÉRAULT. Ja, aber bloß zum Zeitvertreib, wie man Schach spielt.

Eine Gasse

Simon. Sein Weib.

SIMON *(schlägt das Weib)*. Du Kuppelpelz, du runzliche Sublimatpille, du wurmstichischer Sündenapfel!

WEIB. He, Hülfe! Hülfe!

Es kommen Leute gelaufen.

LEUTE. Reißt sie auseinander, reißt sie auseinander!

SIMON. Nein, laßt mich, Römer! Zerschellen will ich dies Gerippt! Du Vestalin!

WEIB. Ich eine Vestalin? Das will ich sehen, ich.

SIMON. So reiß ich von den Schultern dein Gewand.

Nackt in die Sonne schleudr' ich dann dein Aas.

Du Hurenbett, in jeder Runzel deines Leibes nistet Unzucht.

Sie werden getrennt.

ERSTER BÜRGER. Was gibts?

SIMON. Wo ist die Jungfrau? Sprich! Nein, so kann ich nicht sagen. Das Mädchen! Nein, auch das nicht. Die Frau, das Weib! Auch das, auch das nicht! Nur noch ein Name; o, der erstickt mich! Ich habe keinen Atem dafür.

ZWEITER BÜRGER. Das ist gut, sonst würde der Name nach Schnaps riechen.

SIMON. Alter Virginius, verhülle dein kahl Haupt – der Rabe Schande sitzt darauf und hackt nach deinen Augen. Gebt mir ein Messer, Römer! *(Er sinkt um.)*

WEIB. Ach, er ist sonst ein braver Mann, er kann nur nicht viel vertragen; der Schnaps stellt ihm gleich ein Bein.

ZWEITER BÜRGER. Dann geht er mit dreien.

WEIB. Nein, er fällt.

ZWEITER BÜRGER. Richtig, erst geht er mit dreien, und dann fällt er auf das dritte, bis das dritte selbst wieder fällt.

SIMON. Du bist die Vampirzunge, die mein wärmstes Herzblut trinkt.

WEIB. Laßt ihn nur, das ist so die Zeit, worin er immer gerührt wird; es wird sich schon geben.

ERSTER BÜRGER. Was gibts denn?

WEIB. Seht ihr: ich saß da so auf dem Stein in der Sonne und wärmte mich, seht ihr – denn wir haben kein Holz, seht ihr –

ZWEITER BÜRGER. So nimm deines Mannes Nase.

WEIB. Und meine Tochter war da hinuntergegangen um die Ekke – sie ist ein braves Mädchen und ernährt ihre Eltern.

SIMON. Ha, sie bekennt!

WEIB. Du Judas! hättest du nur ein paar Hosen hinaufzuziehen, wenn die jungen Herren die Hosen nicht bei ihr hinunterließen? Du Branntweinfaß, willst du verdursten, wenn das Brünnlein zu laufen aufhört, he? – Wir arbeiten mit allen Gliedern, warum denn nicht auch damit; ihre Mutter hat damit geschafft, wie sie zur Welt kam, und es hat ihr weh getan; kann sie für ihre Mutter nicht auch damit schaffen, he? und tuts ihr auch weh dabei, he? Du Dummkopf!

SIMON. Ha, Lukretia! ein Messer, gebt mir ein Messer, Römer! Ha, Appius Claudius!

ERSTER BÜRGER. Ja, ein Messer, aber nicht für die arme Hure! Was tat sie? Nichts! Ihr Hunger hurt und bettelt. Ein Messer für die Leute, die das Fleisch unserer Weiber und Töchter kaufen. Weh über die, so mit den Töchtern des Volkes huren! Ihr habt Kollern im Leib, und sie haben Magendrücken; ihr habt Löcher in den Jacken, und sie haben warme Röcke; ihr habt Schwielen in den Fäusten, und sie haben Samthände. Ergo, ihr arbeitet, und sie tun nichts; ergo, ihr habts erworben, und sie habens gestohlen; ergo, wenn ihr von eurem gestohlnen Eigentum ein paar Heller wiederhaben wollt, müßt ihr huren und bettlen; ergo, sie sind Spitzbuben, und man muß sie totschlagen!

DRITTER BÜRGER. Sie haben kein Blut in den Adern, als was sie uns ausgesaugt haben. Sie haben uns gesagt: schlagt die Aristokraten tot, das sind Wölfe! Wir haben die Aristokraten an die Laternen gehängt. Sie haben gesagt: das Veto frißt euer Brot; wir haben das Veto totgeschlagen. Sie haben gesagt: die Girondisten hungern euch aus; wir haben die Girondisten guillotiniert. Aber sie haben die Toten ausgezogen, und wir laufen wie zuvor auf nackten Beinen und frieren. Wir wollen ihnen die Haut von den Schenkeln ziehen und uns Hosen daraus machen, wir wollen ihnen das Fett auslassen und unsere Suppen mit schmelzen. Fort! Totgeschlagen, wer kein Loch im Rock hat!

ERSTER BÜRGER. Totgeschlagen, wer lesen und schreiben kann!

ZWEITER BÜRGER. Totgeschlagen, wer auswärts geht!

ALLE *(schreien)*. Totgeschlagen! Totgeschlagen!

Einige schleppen einen jungen Menschen herbei.

EINIGE STIMMEN. Er hat ein Schnupftuch! ein Aristokrat! an die Laterne! an die Laterne!

ZWEITER BÜRGER. Was? er schneuzt sich die Nase nicht mit den Fingern? An die Laterne! *(Eine Laterne wird heruntergelassen.)*

JUNGER MENSCH. Ach, meine Herren!

ZWEITER BÜRGER. Es gibt hier keine Herren! An die Laterne!

EINIGE *(singen)*.

> Die da liegen in der Erden,
> Von de Würm gefresse werden;
> Besser hangen in der Luft,
> Als verfaulen in der Gruft!

JUNGER MENSCH. Erbarmen!

DRITTER BÜRGER. Nur ein Spielen mit einer Hanflocke um den Hals! 's ist nur ein Augenblick, wir sind barmherziger als ihr.

Unser Leben ist der Mord durch Arbeit; wir hängen sechzig Jahre lang am Strick und zappeln, aber wir werden uns losschneiden. – An die Laterne!

JUNGER MENSCH. Meinetwegen, ihr werdet deswegen nicht heller sehen.

DIE UMSTEHENDEN. Bravo! Bravo!

EINIGE STIMMEN. Laßt ihn laufen! *(Er entwischt.)*

Robespierre tritt auf, begleitet von Weibern und Ohnehosen.

ROBESPIERRE. Was gibts da, Bürger?

DRITTER BÜRGER. Was wirds geben? Die paar Tropfen Bluts vom August und September haben dem Volk die Backen nicht rot gemacht. Die Guillotine ist zu langsam. Wir brauchen einen Platzregen!

ERSTER BÜRGER. Unsere Weiber und Kinder schreien nach Brot, wir wollen sie mit Aristokratenfleisch füttern. He! totgeschlagen, wer kein Loch im Rock hat!

ALLE. Totgeschlagen! Totgeschlagen!

ROBESPIERRE. Im Namen des Gesetzes!

ERSTER BÜRGER. Was ist das Gesetz?

ROBESPIERRE. Der Wille des Volks.

ERSTER BÜRGER. Wir sind das Volk, und wir wollen, daß kein Gesetz sei; ergo ist dieser Wille das Gesetz, ergo im Namen des Gesetzes gibts kein Gesetz mehr, ergo totgeschlagen!

EINIGE STIMMEN. Hört den Aristides! hört den Unbestechlichen!

EIN WEIB. Hört den Messias, der gesandt ist, zu wählen und zu richten; er wird die Bösen mit der Schärfe des Schwertes schlagen. Seine Augen sind die Augen der Wahl, seine Hände sind die Hände des Gerichts.

ROBESPIERRE. Armes, tugendhaftes Volk! Du tust deine Pflicht, du opferst deine Feinde. Volk, du bist groß! Du offenbarst dich unter Blitzstrahlen und Donnerschlägen. Aber, Volk, deine Streiche dürfen deinen eigenen Leib nicht verwunden; du mordest dich selbst in deinem Grimm. Du kannst nur durch deine eigne Kraft fallen, das wissen deine Feinde. Deine Gesetzgeber wachen, sie werden deine Hände führen; ihre Augen sind untrügbar, deine Hände sind unentrinnbar. Kommt mit zu den Jakobinern! Eure Brüder werden euch ihre Arme öffnen, wir werden ein Blutgericht über unsere Feinde halten.

VIELE STIMMEN. Zu den Jakobinern! Es lebe Robespierre!

Alle ab.

SIMON. Weh mir, verlassen! *(Er versucht sich aufzurichten.)*
WEIB. Da! *(Sie unterstützt ihn.)*
SIMON. Ach, meine Baucis! du sammelst Kohlen auf mein Haupt.
WEIB. Da steh!
SIMON. Du wendest dich ab? Ha, kannst du mir vergeben, Porcia? Schlug ich dich? Das war nicht meine Hand, war nicht mein Arm, mein Wahnsinn tat es.

Sein Wahnsinn ist des armen Hamlet Feind.

Hamlet tats nicht, Hamlet verleugnets.

Wo ist unsre Tochter, wo ist mein Sannchen?
WEIB. Dort um das Eck herum.
SIMON. Fort zu ihr! Komm, mein tugendreich Gemahl.

Beide ab.

Der Jakobinerklub

EIN LYONER. Die Brüder von Lyon senden uns, um in eure Brust ihren bittren Unmut auszuschütten. Wir wissen nicht, ob der Karren, auf dem Ronsin zur Guillotine fuhr, der Totenwagen der Freiheit war, aber wir wissen, daß seit jenem Tage die Mörder Chaliers wieder so fest auf den Boden treten, als ob es kein Grab für sie gäbe. Habt ihr vergessen, daß Lyon ein Flecken auf dem Boden Frankreichs ist, den man mit den Gebeinen der Verräter zudecken muß? Habt ihr vergessen, daß diese Hure der Könige ihren Aussatz nur in dem Wasser der Rhone abwaschen kann? Habt ihr vergessen, daß dieser revolutionäre Strom die Flotten Pitts im Mittelmeere auf den Leichen der Aristokraten muß stranden machen? Eure Barmherzigkeit mordet die Revolution. Der Atemzug eines Aristokraten ist das Röcheln der Freiheit. Nur ein Feigling stirbt für die Republik, ein Jakobiner tötet für sie. Wißt: finden wir in euch nicht mehr die Spannkraft der Männer des 10. August, des September und des 31. Mai, so bleibt uns, wie dem Patrioten Gaillard, nur der Dolch des Kato. *(Beifall und verwirrtes Geschrei.)*

EIN JAKOBINER. Wir werden den Becher des Sokrates mit euch trinken!

LEGENDRE *(schwingt sich auf die Tribüne).* Wir haben nicht nötig, unsere Blicke auf Lyon zu werfen. Die Leute, die seidne Kleider tragen, die in Kutschen fahren, die in den Logen im Theater sitzen und nach dem Diktionär der Akademie sprechen, tragen seit einigen Tagen die Köpfe fest auf den Schultern. Sie sind witzig und sagen, man müsse Marat und Chalier zu einem doppelten Märtyrertum verhelfen und sie in effigie guillotinieren. *(Heftige Bewegung in der Versammlung.)*

EINIGE STIMMEN. Das sind tote Leute, ihre Zunge guillotiniert sie.

LEGENDRE. Das Blut dieser Heiligen komme über sie! Ich frage die anwesenden Mitglieder des Wohlfahrtsausschusses, seit wann ihre Ohren so taub geworden sind …

COLLOT D'HERBOIS *(unterbricht ihn).* Und ich frage dich, Legendre, wessen Stimme solchen Gedanken Atem gibt, daß sie lebendig werden und zu sprechen wagen? Es ist Zeit, die Masken abzureißen. Hört! Die Ursache verklagt ihre Wirkung, der Ruf sein Echo, der Grund seine Folge. Der Wohlfahrtsausschuß versteht mehr Logik. Legendre. Sei ruhig! Die Büsten der Heiligen werden unberührt bleiben, sie werden wie Medusenhäupter die Verräter in Stein verwandlen.

ROBESPIERRE. Ich verlange das Wort.

DIE JAKOBINER. Hört, hört den Unbestechlichen!

ROBESPIERRE. Wir warteten nur auf den Schrei des Unwillens, der von allen Seiten ertönt, um zu sprechen. Unsere Augen waren offen, wir sahen den Feind sich rüsten und sich erheben, aber wir haben das Lärmzeichen nicht gegeben; wir ließen das Volk sich selbst bewachen, es hat nicht geschlafen, es hat an die Waffen geschlagen. Wir ließen den Feind aus seinem Hinterhalt hervorbrechen, wir ließen ihn anrücken; jetzt steht er frei und ungedeckt in der Helle des Tages, jeder Streich wird ihn treffen, er ist tot, sobald ihr ihn erblickt habt.

Ich habe es euch schon einmal gesagt: in zwei Abteilungen, wie in zwei Heereshaufen, sind die inneren Feinde der Republik zerfallen. Unter Bannern von verschiedener Farbe und auf den verschiedensten Wegen eilen sie alle dem nämlichen Ziele zu. Die eine dieser Faktionen ist nicht mehr. In ihrem affektierten Wahnsinn suchte sie die erprobtesten Patrioten als abgenutzte Schwächlinge beiseite zu werfen, um die Republik ihrer kräftigsten Arme zu berauben. Sie erklärte der Gottheit und dem Eigentum den Krieg, um eine Diversion zugunsten der Könige zu machen. Sie parodierte das erhabne Drama der Revolution, um dieselbe durch studierte Ausschweifungen bloßzustellen. Héberts Triumph hätte die Republik in ein Chaos verwandelt, und der Despotismus war befriedigt. Das Schwert des Gesetzes hat den Verräter getroffen. Aber was liegt den Fremden daran, wenn ihnen Verbrecher einer anderen Gattung zur Erreichung des nämlichen Zwecks bleiben? Wir haben nichts getan, wenn wir noch eine andere Faktion zu vernichten haben. Sie ist das Gegenteil der vorhergehenden. Sie treibt uns zur Schwäche, ihr Feldgeschrei heißt: Erbarmen! Sie will dem Volk seine Waffen und die Kraft, welche die Waffen führt, entreißen, um es nackt und entnervt den Königen zu überantworten.

Die Waffe der Republik ist der Schrecken, die Kraft der Republik ist die Tugend – die Tugend, weil ohne sie der Schrecken verderblich, der Schrecken, weil ohne ihn die Tugend ohnmächtig ist. Der Schrecken ist ein Ausfluß der Tugend, er ist nichts anders als die schnelle, strenge und unbeugsame Gerechtigkeit. Sie sagen, der Schrecken sei die Waffe einer despotischen Regierung, die unsrige gliche also dem Despotismus. Freilich! aber so, wie das Schwert in den Händen eines Freiheitshelden dem Säbel gleicht, womit der Satellit des Tyrannen bewaffnet ist. Regiere der Despot seine tierähnlichen Untertanen durch den Schrecken, er hat recht als Despot; zerschmettert durch den Schrecken die Feinde der Freiheit, und ihr habt als Stifter der Republik nicht minder recht. Die Revolutionsregierung ist der Despotismus der Freiheit gegen die Tyrannei.

Erbarmen mit den Royalisten! rufen gewisse Leute. Erbarmen mit Bösewichtern? Nein! Erbarmen für die Unschuld, Erbarmen für die Schwäche, Erbarmen für die Unglücklichen, Erbarmen für die Menschheit! Nur dem friedlichen Bürger gebührt von seiten der Gesellschaft Schutz.

In einer Republik sind nur Republikaner Bürger, Royalisten und Fremde sind Feinde. Die Unterdrücker der Menschheit bestrafen, ist Gnade; Ihnen verzeihen, ist Barbarei. Alle Zeichen einer falschen Empfindsamkeit scheinen mir Seufzer, welche nach England oder nach Östreich fliegen.

Aber nicht zufrieden, den Arm des Volkes zu entwaffnen, sucht man noch die heiligsten Quellen seiner Kraft durch das Laster zu vergiften. Dies ist der feinste, gefährlichste und abscheulichste Angriff auf die Freiheit. Das Laster ist das Kainszeichen des Aristokratismus. In einer Republik ist es nicht nur ein moralisches, sondern auch ein politisches Verbrechen; der Lasterhafte ist der politische Feind der Freiheit, er ist ihr um so gefährlicher, je größer die Dienste sind, die er ihr scheinbar erwiesen. Der gefährlichste Bürger ist derjenige, welcher leichter ein Dutzend rote Mützen verbraucht, als eine gute Handlung vollbringt.

Ihr werdet mich leicht verstehen, wenn ihr an Leute denkt, welche sonst in Dachstuben lebten und jetzt in Karossen fahren und mit ehemaligen Marquisinnen und Baronessen Unzucht treiben. Wir dürfen wohl fragen: ist das Volk geplündert, oder sind die Goldhände der Könige gedrückt worden, wenn wir Gesetzgeber des Volks mit allen Lastern und allem Luxus der ehemaligen Höflinge Parade machen, wenn wir diese Marquis und Grafen der Revolution reiche Weiber heiraten, üppige Gastmähler geben, spielen, Diener halten und kostbare Kleider tragen sehen? Wir dürfen wohl staunen, wenn wir sie Einfälle haben, schöngeistern und so etwas vom guten Ton bekommen hören. Man hat vor kurzem auf eine unverschämte Weise den Tacitus parodiert, ich könnte mit dem Sallust antworten und den Katilina travestieren; doch ich denke, ich habe keine Striche mehr nötig, die Porträts sind fertig.

Keinen Vertrag, keinen Waffenstillstand mit den Menschen, welche nur auf Ausplünderung des Volkes bedacht waren, welche diese Ausplünderung ungestraft zu vollbringen hofften, für welche die Republik eine Spekulation und die Revolution ein Handwerk war! In Schrecken gesetzt durch den reißenden Strom der Beispiele, suchen sie ganz leise die Gerechtigkeit abzukühlen. Man sollte glauben, jeder sage zu sich selbst: »Wir sind nicht tugendhaft genug, um so schrecklich zu sein. Philosophische Gesetzgeber, erbarmt euch unsrer Schwäche! Ich wage euch nicht zu sagen, daß ich lasterhaft bin; ich sage euch also lieber: seid nicht grausam!«

Beruhige dich, tugendhaftes Volk, beruhigt euch, ihr Patrioten! Sagt euren Brüdern zu Lyon: das Schwert des Gesetzes roste nicht in den Händen, denen ihr es anvertraut habt! – Wir werden der Republik ein großes Beispiel geben.

Allgemeiner Beifall

VIELE STIMMEN. Es lebe die Republik! Es lebe Robespierre!
PRÄSIDENT. Die Sitzung ist aufgehoben.

23

Eine Gasse

Lacroix. Legendre.

LACROIX. Was hast du gemacht, Legendre! Weißt du auch, wem du mit deinen Büsten den Kopf herunterwirfst?

LEGENDRE. Einigen Stutzern und eleganten Weibern, das ist alles.

LACROIX. Du bist ein Selbstmörder, ein Schatten, der sein Original und somit sich selbst ermordet.

LEGENDRE. Ich begreife nicht.

LACROIX. Ich dächte, Collot hätte deutlich gesprochen.

LEGENDRE. Was macht das? Er war wieder betrunken.

LACROIX. Narren, Kinder und – nun? – Betrunkne sagen die Wahrheit. Wen glaubst du denn, daß Robespierre mit dem Katilina gemeint habe?

LEGENDRE. Nun?

LACROIX. Die Sache ist einfach. Man hat die Atheisten und Ultrarevolutionärs aufs Schafott geschickt; aber dem Volk ist nicht geholfen, es läuft noch barfuß in den Gassen und will sich aus Aristokratenleder Schuhe machen. Der Guillotinenthermometer darf nicht fallen; noch einige Grade, und der Wohlfahrtsausschuß kann sich sein Bett auf dem Revolutionsplatz suchen.

LEGENDRE. Was haben damit meine Büsten zu schaffen?

LACROIX. Siehst dus noch nicht? Du hast die Contrerevolution offiziell bekannt gemacht, du hast die Dezemvirn zur Energie gezwungen, du hast ihnen die Hand geführt. Das Volk ist ein Minotaurus, der wöchentlich seine Leichen haben muß, wenn er sie nicht auffressen soll.

LEGENDRE. Wo ist Danton?

LACROIX. Was weiß ich! Er sucht eben die Mediceische Venus stückweise bei allen Grisetten des Palais-Royal zusammen; er macht Mosaik, wie er sagt. Der Himmel weiß, bei welchem Glied er gerade ist. Es ist ein Jammer, daß die Natur die Schön-

heit, wie Medea ihren Bruder, zerstückt und sie so in Fragmen-
ten in die Körper gesenkt hat. – Gehn wir ins Palais-Royal!

Beide ab.

Ein Zimmer

Danton. Marion.

MARION. Nein, laß mich! So zu deinen Füßen. Ich will dir er-
zählen.
DANTON. Du könntest deine Lippen besser gebrauchen.
MARION. Nein, laß mich einmal so. – Meine Mutter war eine
kluge Frau; sie sagte mir immer, die Keuschheit sei eine schö-
ne Tugend. Wenn Leute ins Haus kamen und von manchen
Dingen zu sprechen anfingen, hieß sie mich aus dem Zimmer
gehn; frug ich, was die Leute gewollt hätten, so sagte sie mir,
ich solle mich schämen; gab sie mir ein Buch zu lesen, so mußt
ich fast immer einige Seiten überschlagen. Aber die Bibel las
ich nach Belieben, da war alles heilig; aber es war etwas darin,
was ich nicht begriff. Ich mochte auch niemand fragen, ich
brütete über mir selbst. Da kam der Frühling; es ging überall
etwas um mich vor, woran ich keinen Teil hatte. Ich geriet in
eine eigne Atmosphäre, sie erstickte mich fast. Ich betrachtete
meine Glieder; es war mir manchmal, als wäre ich doppelt und
verschmölze dann wieder in eins. Ein junger Mensch kam zu
der Zeit ins Haus; er war hübsch und sprach oft tolles Zeug;
ich wußte nicht recht, was er wollte, aber ich mußte lachen.
Meine Mutter hieß ihn öfters kommen, das war uns beiden
recht. Endlich sahen wir nicht ein, warum wir nicht ebensogut
zwischen zwei Bettüchern beieinander liegen, als auf zwei
Stühlen nebeneinander sitzen durften. Ich fand dabei mehr
Vergnügen als bei seiner Unterhaltung und sah nicht ab, war-
um man mir das geringere gewähren und das größere entzie-
hen wollte. Wir tatens heimlich. Das ging so fort. Aber ich

25

wurde wie ein Meer, was alles verschlang und sich tiefer und tiefer wühlte. Es war für mich nur ein Gegensatz da, alle Männer verschmolzen in einen Leib. Meine Natur war einmal so, wer kann darüber hinaus? Endlich merkt' ers. Er kam eines Morgens und küßte mich, als wollte er mich ersticken; seine Arme schnürten sich um meinen Hals, ich war in unsäglicher Angst. Da ließ er mich los und lachte und sagte: er hätte fast einen dummen Streich gemacht; ich solle mein Kleid nur behalten und es brauchen, es würde sich schon von selbst abtragen, er wolle mir den Spaß nicht vor der Zeit verderben, es wäre doch das einzige, was ich hätte. Dann ging er; ich wußte wieder nicht, was er wollte. Den Abend saß ich am Fenster; ich bin sehr reizbar und hänge mit allem um mich nur durch eine Empfindung zusammen; ich versank in die Wellen der Abendröte. Da kam ein Haufe die Straße herab, die Kinder liefen voraus, die Weiber sahen aus den Fenstern. Ich sah hinunter: sie trugen ihn in einem Korb vorbei, der Mond schien auf seine bleiche Stirn, seine Locken waren feucht, er hatte sich ersäuft. Ich mußte weinen. – Das war der einzige Bruch in meinem Wesen. Die andern Leute haben Sonn- und Werktage, sie arbeiten sechs Tage und beten am siebenten, sie sind jedes Jahr auf ihren Geburtstag einmal gerührt und denken jedes Jahr auf Neujahr einmal nach. Ich begreife nichts davon: ich kenne keinen Absatz, keine Veränderung. Ich bin immer nur eins; ein ununterbrochenes Sehnen und Fassen, eine Glut, ein Strom. Meine Mutter ist vor Gram gestorben; die Leute weisen mit Fingern auf mich. Das ist dumm. Es läuft auf eins hinaus, an was man seine Freude hat, an Leibern, Christusbildern, Blumen oder Kinderspielsachen; es ist das nämliche Gefühl; wer am meisten genießt, betet am meisten.

DANTON. Warum kann ich deine Schönheit nicht ganz in mich fassen, sie nicht ganz umschließen?

MARION. Danton, deine Lippen haben Augen.

DANTON. Ich möchte ein Teil des Äthers sein, um dich in meiner Glut zu baden, um mich auf jeder Welle deines schönen Leibes zu brechen.

Lacroix, Adelaide, Rosalie treten ein.

LACROIX *(bleibt in der Tür stehn)*. Ich muß lachen, ich muß lachen.

DANTON *(unwillig)*. Nun?

LACROIX. Die Gasse fällt mir ein.

DANTON. Und?

LACROIX. Auf der Gasse waren Hunde, eine Dogge und ein Bologneser Schoßhündlein, die quälten sich.

DANTON. Was soll das?

LACROIX. Das fiel mir nur gerade so ein, und da mußt ich lachen. Es sah erbaulich aus! Die Mädel guckten aus den Fenstern; man sollte vorsichtig sein und sie nicht einmal in der Sonne sitzen lassen. Die Mücken treibens ihnen sonst auf den Händen; das macht Gedanken. – Legendre und ich sind fast durch alle Zellen gelaufen, die Nönnlein von der Offenbarung durch das Fleisch hingen uns an den Rockschößen und wollten den Segen. Legendre gibt einer die Disziplin, aber er wird einen Monat dafür zu fasten bekommen. Da bringe ich zwei von den Priesterinnen mit dem Leib.

MARION. Guten Tag, Demoiselle Adelaide! guten Tag, Demoiselle Rosalie!

ROSALIE. Wir hatten schon lange nicht das Vergnügen.

MARION. Es war mir recht leid.

ADELAIDE. Ach Gott, wir sind Tag und Nacht beschäftigt.

DANTON *(zu Rosalie)*. Ei, Kleine, du hast ja geschmeidige Hüften bekommen.

ROSALIE. Ach ja, man vervollkommnet sich täglich.

LACROIX. Was ist der Unterschied zwischen dem antiken und einem modernen Adonis?

DANTON. Und Adelaide ist sittsam-interessant geworden; eine pikante Abwechslung. Ihr Gesicht sieht aus wie ein Feigenblatt, das sie sich vor den ganzen Leib hält. So ein Feigenbaum an einer so gangbaren Straße gibt einen erquicklichen Schatten.

ADELAIDE. Ich wäre ein Herdweg, wenn Monsieur …

DANTON. Ich verstehe; nur nicht böse, mein Fräulein!

LACROIX. So höre doch! Ein moderner Adonis wird nicht von einem Eber, sondern von Säuen zerrissen; er bekommt seine Wunde nicht am Schenkel, sondern in den Leisten, und aus seinem Blut sprießen nicht Rosen hervor, sondern schießen Quecksilberblüten an.

DANTON. O laß das, Fräulein Rosalie ist ein restaurierter Torso, woran nur die Hüften und Füße antik sind. Sie ist eine Magnetnadel: Was der Pol Kopf abstößt, zieht der Pol Fuß an; die Mitte ist ein Äquator, wo jeder eine Sublimattaufe bekömmt, der die Linie passiert.

LACROIX. Zwei Barmherzige Schwestern; jede dient in einem Spital, d. h. in ihrem eignen Körper.

ROSALIE. Schämen Sie sich, unsere Ohren rot zu machen!

ADELAIDE. Sie sollten mehr Lebensart haben!

Adelaide und Rosalie ab.

DANTON. Gute Nacht, ihr hübschen Kinder!

LACROIX. Gute Nacht, ihr Quecksilbergruben!

DANTON. Sie dauern mich, sie kommen um ihr Nachtessen.

LACROIX. Höre, Danton, ich komme von den Jakobinern.

DANTON. Nichts weiter?

LACROIX. Die Lyoner verlasen eine Proklamation; sie meinten, es bliebe ihnen nichts übrig, als sich in die Toga zu wickeln. Jeder machte ein Gesicht, als wollte er zu seinem Nachbar sagen: Paetus, es schmerzt nicht! – Legendre rief, man wolle Chaliers und Marats Büsten zerschlagen. Ich glaube, er will sich das Gesicht wieder rot machen; er ist ganz aus der Terreur herausgekommen, die Kinder zupfen ihn auf der Gasse am Rock.

DANTON. Und Robespierre?

LACROIX. Fingerte auf der Tribüne und sagte: die Tugend muß durch den Schrecken herrschen. Die Phrase machte mir Halsweh.

DANTON. Sie hobelt Bretter für die Guillotine.

LACROIX. Und Collot schrie wie besessen, man müsse die Masken abreißen.

DANTON. Da werden die Gesichter mitgehen.

Paris tritt ein.

LACROIX. Was gibts, Fabricius?

PARIS. Von den Jakobinern weg ging ich zu Robespierre; ich verlangte eine Erklärung. Er suchte eine Miene zu machen wie Brutus, der seine Söhne opfert. Er sprach im allgemeinen von den Pflichten, sagte: der Freiheit gegenüber kenne er keine Rücksicht, er würde alles opfern, sich, seinen Bruder, seine Freunde.

DANTON. Das war deutlich; man braucht nur die Skala herumzukehren, so steht er unten und hält seinen Freunden die Leiter. Wir sind Legendre Dank schuldig, er hat sie sprechen gemacht.

LACROIX. Die Hebertisten sind noch nicht tot, das Volk ist materiell elend, das ist ein furchtbarer Hebel. Die Schale des Blutes darf nicht steigen, wenn sie dem Wohlfahrtsausschuß nicht zur Laterne werden soll; er hat Ballast nötig, er braucht einen schweren Kopf.

DANTON. Ich weiß wohl – die Revolution ist wie Saturn, sie frißt ihre eignen Kinder. *(Nach einigem Besinnen.)* Doch sie werdens nicht wagen.

LACROIX. Danton, du bist ein toter Heiliger; aber die Revolution kennt keine Reliquien, sie hat die Gebeine aller Könige auf die Gasse und alle Bildsäulen von den Kirchen geworfen. Glaubst du, man würde dich als Monument stehen lassen?

DANTON. Mein Name! das Volk!

LACROIX. Dein Name! Du bist ein Gemäßigter, ich bin einer, Camille, Philippeau, Hérault. Für das Volk sind Schwäche und Mäßigung eins; es schlägt die Nachzügler tot. Die Schneider von der Sektion der roten Mütze werden die ganze römische Geschichte in ihrer Nadel fühlen, wenn der Mann des September ihnen gegenüber ein Gemäßigter war.

DANTON. Sehr wahr, und außerdem – das Volk ist wie ein Kind, es muß alles zerbrechen, um zu sehen, was darin steckt.

LACROIX. Und außerdem sind wir lasterhaft, wie Robespierre sagt, d. h. wir genießen; und das Volk ist tugendhaft, d. h. es genießt nicht, weil ihm die Arbeit die Genußorgane stumpf macht, es besäuft sich nicht, weil es kein Geld hat, und es geht nicht ins Bordell, weil es nach Käs und Hering aus dem Hals stinkt und die Mädel davor einen Ekel haben.

DANTON. Es haßt die Genießenden wie ein Eunuch die Männer.

LACROIX. Man nennt uns Spitzbuben, und *(sich zu den Ohren Dantons neigend)* es ist, unter uns gesagt, so halbwegs was Wahres dran. Robespierre und das Volk werden tugendhaft sein. St. Just wird einen Roman schreiben, und Barère wird eine Carmagnole schneidern und dem Konvent das Blutmäntelchen umhängen und – ich sehe alles.

DANTON. Du träumst. Sie hatten nie Mut ohne mich, sie werden keinen gegen mich haben; die Revolution ist noch nicht fertig, sie könnten mich noch nötig haben, wie werden mich im Arsenal aufheben.

LACROIX. Wir müssen handeln.

DANTON. Das wird sich finden.

LACROIX. Es wird sich finden, wenn wir verloren sind.

MARION *(zu Danton).* Deine Lippen sind kalt geworden, deine Worte haben deine Küsse erstickt.

DANTON *(zu Marion).* So viel Zeit zu verlieren! Das war der Mühe wert! – *(Zu Lacroix.)* Morgen gehe ich zu Robespierre; ich werde ihn ärgern, da kann er nicht schweigen. Morgen also! Gute Nacht, meine Freunde, gute Nacht! ich danke euch!

LACROIX. Packt euch, meine guten Freunde, packt euch! Gute Nacht, Danton! Die Schenkel der Demoiselle guillotinieren dich, der Mons Veneris wird dein Tarpejischer Fels. *(Ab mit Paris.)*

Ein Zimmer

Robespierre. Danton, Paris

ROBESPIERRE. Ich sage dir, wer mir in den Arm fällt, wenn ich das Schwert ziehe, ist mein Feind – seine Absicht tut nichts zur Sache; wer mich verhindert, mich zu verteidigen, tötet mich so gut, als wenn er mich angriffe.

DANTON. Wo die Notwehr aufhört, fängt der Mord an; ich sehe keinen Grund, der uns länger zum Töten zwänge.

ROBESPIERRE. Die soziale Revolution ist noch nicht fertig; wer eine Revolution zur Hälfte vollendet, gräbt sich selbst sein Grab. Die gute Gesellschaft ist noch nicht tot, die gesunde Volkskraft muß sich an die Stelle dieser nach allen Richtungen abgekitzelten Klasse setzen. Das Laster muß bestraft werden, die Tugend muß durch den Schrecken herrschen.

DANTON. Ich verstehe das Wort Strafe nicht. – Mit deiner Tugend, Robespierre! Du hast kein Geld genommen, du hast keine Schulden gemacht, du hast bei keinem Weibe geschlafen, du hast immer einen anständigen Rock getragen und dich nie betrunken. Robespierre, du bist empörend rechtschaffen. Ich würde mich schämen, dreißig Jahre lang mit der nämlichen Moralphysiognomie zwischen Himmel und Erde herumzulaufen, bloß um des elenden Vergnügens willen, andre schlechter zu finden als mich. – Ist denn nichts in dir, was dir nicht manchmal ganz leise, heimlich sagte: du lügst, du lügst!?

ROBESPIERRE. Mein Gewissen ist rein.

DANTON. Das Gewissen ist ein Spiegel, vor dem ein Affe sich quält; jeder putzt sich, wie er kann, und geht auf seine eigne

Art auf seinen Spaß dabei aus. Das ist der Mühe wert, sich dar-
über in den Haaren zu liegen! Jeder mag sich wehren, wenn ein
andrer ihm den Spaß verdirbt. Hast du das Recht, aus der Guil-
lotine einen Waschzuber für die unreine Wäsche anderer Leu-
te und aus ihren abgeschlagenen Köpfen Fleckkugeln für ihre
schmutzigen Kleider zu machen, weil du immer einen sauber
gebürsteten Rock trägst? Ja, du kannst dich wehren, wenn sie
dir drauf spucken oder Löcher hineinreißen; aber was geht es
dich an, solang sie dich in Ruhe lassen? Wenn sie sich nicht ge-
nieren, so herumzugehn, hast du deswegen das Recht, sie ins
Grabloch zu sperren? Bist du der Polizeisoldat des Himmels?
Und kannst du es nicht ebensogut mitansehn als dein lieber
Herrgott, so halte dir dein Schnupftuch vor die Augen.

ROBESPIERRE. Du leugnest die Tugend?

DANTON. Und das Laster. Es gibt nur Epikureer, und zwar gro-
be und feine, Christus war der feinste; das ist der einzige Un-
terschied, den ich zwischen den Menschen herausbringen kann.
Jeder handelt seiner Natur gemäß, d. h. er tut, was ihm wohltut.
– Nicht wahr, Unbestechlicher, es ist grausam, dir die Absätze
so von den Schuhen zu treten?

ROBESPIERRE. Danton, das Laster ist zu gewissen Zeiten Hoch-
verrat.

DANTON. Du darfst es nicht proskribieren, ums Himmels willen
nicht, das wäre undankbar; du bist ihm zu viel schuldig, durch
den Kontrast nämlich. – Übrigens, um bei deinen Begriffen zu
bleiben, unsere Streiche müssen der Republik nützlich sein,
man darf die Unschuldigen nicht mit den Schuldigen treffen.

ROBESPIERRE. Wer sagt dir denn, daß ein Unschuldiger getrof-
fen worden sei?

DANTON. Hörst du, Fabricius? Es starb kein Unschuldiger! *(Er
geht; im Hinausgehn zu Paris.)* Wir dürfen keinen Augenblick
verlieren, wir müssen uns zeigen! *(Danton und Paris ab.)*

ROBESPIERRE *(allein).* Geh nur! Er will die Rosse der Revolu-
tion am Bordell halten machen, wie ein Kutscher seine dres-

sierten Gäule; sie werden Kraft genug haben, ihn zum Revolutionsplatz zu schleifen.

Mir die Absätze von den Schuhen treten! Um bei deinen Begriffen zu bleiben! – Halt! Halt! Ists das eigentlich? – Sie werden sagen, seine gigantische Gestalt hätte zu viel Schatten auf mich geworfen, ich hätte ihn deswegen aus der Sonne gehen heißen. – Und wenn sie recht hätten? – Ists denn so notwendig? Ja, ja! die Republik! Er muß weg. Es ist lächerlich, wie meine Gedanken einander beaufsichtigen. – Er muß weg. Wer in einer Masse, die vorwärts drängt, stehen bleibt, leistet so gut Widerstand, als trät er ihr entgegen: er wird zertreten.

Wir werden das Schiff der Revolution nicht auf den seichten Berechnungen und den Schlammbänken dieser Leute stranden lassen; wir müssen die Hand abhauen, die es zu halten wagt – und wenn er es mit den Zähnen packte!

Weg mit einer Gesellschaft, die der toten Aristokratie die Kleider ausgezogen und ihren Aussatz geerbt hat!

Keine Tugend! Die Tugend ein Absatz meiner Schuhe! Bei meinen Begriffen! – Wie das immer wiederkommt. – Warum kann ich den Gedanken nicht loswerden? Er deutet mit blutigem Finger immer da, da hin! Ich mag so viel Lappen darum wikkeln, als ich will, das Blut schlägt immer durch. – *(Nach einer Pause.)* Ich weiß nicht, was in mir das andere belügt.

(Er tritt ans Fenster.) Die Nacht schnarcht über der Erde und wälzt sich im wüsten Traum. Gedanken, Wünsche, kaum geahnt, wirr und gestaltlos, die scheu sich vor des Tages Licht verkrochen, empfangen jetzt Form und Gewand und stehlen sich in das stille Haus des Traums. Sie öffnen die Türen, sie sehen aus den Fenstern, sie werden halbwegs Fleisch, die Glieder strecken sich im Schlaf, die Lippen murmeln. – Und ist nicht unser Wachen ein hellerer Traum? sind wir nicht Nachtwandler? ist nicht unser Handeln wie das im Traum, nur deutlicher, bestimmter, durchgeführter? Wer will uns darum schelten? In einer Stunde verrichtet der Geist mehr Taten des Ge-

dankens, als der träge Organismus unsres Leibes in Jahren nachzutun vermag. Die Sünde ist im Gedanken. Ob der Gedanke Tat wird, ob ihn der Körper nachspielt, das ist Zufall.

St. Just tritt ein.

ROBESPIERRE. He, wer da im Finstern? He, Licht, Licht!
ST. JUST. Kennst du meine Stimme?
ROBESPIERRE. Ah du, St. Just!

Eine Dienerin bringt Licht.

ST. JUST. Warst du allein?
ROBESPIERRE. Eben ging Danton weg.
ST. JUST. Ich traf ihn unterwegs im Palais-Royal. Er machte seine revolutionäre Stirn und sprach in Epigrammen; er duzte sich mit den Ohnehosen, die Grisetten liefen hinter seinen Waden drein, und die Leute blieben stehn und zischelten sich in die Ohren, was er gesagt hatte. – Wir werden den Vorteil des Angriffs verlieren. Willst du noch länger zaudern? Wir werden ohne dich handeln. Wir sind entschlossen.
ROBESPIERRE. Was wollt ihr tun?
ST. JUST. Wir berufen den Gesetzgebungs-, den Sicherheits- und den Wohlfahrtsausschuß zu feierlicher Sitzung.
ROBESPIERRE. Viel Umstände.
ST. JUST. Wir müssen die große Leiche mit Anstand begraben, wie Priester, nicht wie Mörder; wir dürfen sie nicht verstümmeln, alle ihre Glieder müssen mit hinunter.
ROBESPIERRE. Sprich deutlicher!
ST. JUST. Wir müssen ihn in seiner vollen Waffenrüstung beisetzen und seine Pferde und Sklaven auf seinem Grabhügel schlachten: Lacroix –
ROBESPIERRE. Ein ausgemachter Spitzbube, gewesener Advokatenschreiber, gegenwärtig Generalleutnant von Frankreich. Weiter!
ST. JUST. Hérault-Séchelles.

ROBESPIERRE. Ein schöner Kopf!

ST. JUST. Er war der schöngemalte Anfangsbuchstabe der Konstitutionsakte; wir haben dergleichen Zierat nicht mehr nötig, er wird ausgewischt. – Philippeau. – Camille.

ROBESPIERRE. Auch der?

ST. JUST *(überreicht ihm ein Papier).* Das dacht ich. Da lies!

ROBESPIERRE. Aha, »Der alte Franziskaner«! Sonst nichts? Er ist ein Kind, er hat über euch gelacht.

ST. JUST. Lies hier, hier! *(Er zeigt ihm eine Stelle.)*

ROBESPIERRE *(liest).* »Dieser Blutmessias Robespierre auf seinem Kalvarienberge zwischen den beiden Schächern Couthon und Collot, auf dem er opfert und nicht geopfert wird. Die Guillotinen-Betschwestern stehen wie Maria und Magdalena unten. St. Just liegt ihm wie Johannes am Herzen und macht den Konvent mit den apokalyptischen Offenbarungen des Meisters bekannt; er trägt seinen Kopf wie eine Monstranz.«

ST. JUST. Ich will ihn den seinigen wie St. Denis tragen machen.

ROBESPIERRE *(liest weiter).* »Sollte man glauben, daß der saubre Frack des Messias das Leichenhemd Frankreichs ist, und daß seine dünnen, auf der Tribüne herumzuckenden Finger Guillotinenmesser sind? – Und du, Barère, der du gesagt hast, auf dem Revolutionsplatz werde Münze geschlagen! Doch – ich will den alten Sack nicht aufwühlen. Er ist eine Witwe, die schon ein halb Dutzend Männer hatte und sie alle begraben half. Wer kann was dafür? Das ist so seine Gabe, er sieht den Leuten ein halbes Jahr vor dem Tode das hippokratische Gesicht an. Wer mag sich auch zu Leichen setzen und den Gestank riechen?«

Als auch du, Camille? – Weg mit ihnen! Rasch! Nur die Toten kommen nicht wieder.

Hast du die Anklage bereit?

ST. JUST. Es macht sich leicht. Du hast die Andeutungen bei den Jakobinern gemacht.

ROBESPIERRE. Ich wollte sie schrecken.

ST. JUST. Ich brauche nur durchzuführen; die Fälscher geben das Ei und die Fremden den Apfel ab. – Sie sterben an der Mahlzeit, ich gebe dir mein Wort.

ROBESPIERRE. Dann rasch, morgen! Keinen langen Todeskampf! Ich bin empfindlich seit einigen Tagen. – Nur rasch! *(St. Just ab.)*

ROBESPIERRE *(allein)*. Jawohl, Blutmessias, der opfert und nicht geopfert wird. – Er hat sie mit seinem Blut erlöst, und ich erlöse sie mit ihrem eignen. Er hat sie sündigen gemacht, und ich nehme die Sünde auf mich. Er hatte die Wollust des Schmerzes, und ich habe die Qual des Henkers. Wer hat sich mehr verleugnet, ich oder er? – Und doch ist was von Narrheit in dem Gedanken. – Was sehen wir nur immer nach dem Einen? Wahrlich, der Menschensohn wird in uns allen gekreuzigt, wir ringen alle im Gethsemanegarten im blutigen Schweiß, aber es erlöst keiner den andern mit seinen Wunden.

Mein Camille! – Sie gehen alle von mir – es ist alles wüst und leer – ich bin allein.

Zweiter Akt

Ein Zimmer

Danton, Lacroix, Philippeau, Paris, Camille Desmoulins.

CAMILLE. Rasch, Danton, wir haben keine Zeit zu verlieren!

DANTON *(er kleidet sich an).* Aber die Zeit verliert uns.

Das ist sehr langweilig, immer das Hemd zuerst und dann die Hosen drüber zu ziehen und des Abends ins Bett und morgens wieder heraus zu kriechen und einen Fuß immer so vor den andern zu setzen; da ist gar kein Absehen, wie es anders werden soll. Das ist sehr traurig, und daß Millionen es schon so gemacht haben, und daß Millionen es wieder so machen werden, und daß wir noch obendrein aus zwei Hälften bestehen, die beide das nämliche tun, so daß alles doppelt geschieht – das ist sehr traurig.

CAMILLE. Du sprichst in einem ganz kindlichen Ton.

DANTON. Sterbende werden oft kindisch.

LACROIX. Du stürzest dich durch dein Zögern ins Verderben, du reißest alle deine Freunde mit dir. Benachrichtige die Feiglinge, daß es Zeit ist, sich um dich zu versammeln, fordere sowohl die vom Tale als die vom Berge auf! Schreie über die Tyrannei der Dezemvirn, sprich von Dolchen, rufe Brutus an, dann wirst du die Tribunen erschrecken und selbst die um dich sammeln, die man als Mitschuldige Héberts bedroht! Du mußt dich deinem Zorn überlassen. Laßt uns wenigstens nicht entwaffnet und erniedrigt wie der schändliche Hébert sterben!

DANTON. Du hast ein schlechtes Gedächtnis, du nanntest mich einen toten Heiligen. Du hattest mehr recht, als du selbst glaubtest. Ich war bei den Sektionen; sie waren ehrfurchtsvoll, aber wie Leichenbitter. Ich bin eine Reliquie, und Reliquien wirft man auf die Gasse, du hattest recht.

37

LACROIX. Warum hast du es dazu kommen lassen?

DANTON. Dazu? Ja, wahrhaftig, es war mir zuletzt langweilig. Immer im nämlichen Rock herumzulaufen und die nämlichen Falten zu ziehen! Das ist erbärmlich. So ein armseliges Instrument zu sein, auf dem eine Saite immer nur einen Ton angibt! – 's ist nicht zum Aushalten. Ich wollte mirs bequem machen. Ich hab es erreicht; die Revolution setzt mich in Ruhe, aber auf andere Weise, als ich dachte.

Übrigens, auf was sich stützen? Unsere Huren könnten es noch mit den Guillotinen-Betschwestern aufnehmen; sonst weiß ich nichts. Es läßt sich an den Fingern herzählen: die Jakobiner haben erklärt, daß die Tugend an der Tagesordnung sei, die Cordeliers nennen mich Héberts Henker, der Gemeinderat tut Buße, der Konvent – das wäre noch ein Mittel! aber es gäbe einen 31. Mai, sie würden nicht gutwillig weichen. Robespierre ist das Dogma der Revolution, es darf nicht ausgestrichen werden. Es ginge auch nicht. Wir haben nicht die Revolution, sondern die Revolution hat uns gemacht.

Und wenn es ginge – ich will lieber guillotiniert werden als guillotinieren lassen. Ich habe es satt; wozu sollen wir Menschen miteinander kämpfen? Wir sollten uns nebeneinander setzen und Ruhe haben. Es wurde ein Fehler gemacht, wie wir geschaffen wurden; es fehlt uns etwas, ich habe keinen Namen dafür – aber wir werden es einander nicht aus den Eingeweiden herauswühlen, was sollen wir uns drum die Leiber aufbrechen? Geht, wir sind elende Alchimisten!

CAMILLE. Pathetischer gesagt, würde es heißen: wie lange soll die Menschheit in ewigem Hunger ihre eignen Glieder fressen? oder: wie lange sollen wir Schiffbrüchige auf einem Wrack in unlöschbarem Durst einander das Blut aus den Adern saugen? oder: wie lange sollen wir Algebraisten im Fleisch beim Suchen nach dem unbekannten, ewig verweigerten X unsere Rechnungen mit zerfetzten Gliedern schreiben?

DANTON. Du bist ein starkes Echo.

CAMILLE. Nicht wahr, ein Pistolenschuß schallt gleich wie ein Donnerschlag. Desto besser für dich, du solltest mich immer bei dir haben.

PHILIPPEAU. Und Frankreich bleibt seinen Henkern?

DANTON. Was liegt daran? Die Leute befinden sich ganz wohl dabei. Sie haben Unglück; kann man mehr verlangen, um gerührt, edel, tugendhaft oder witzig zu sein, oder um überhaupt keine Langeweile zu haben? – Ob sie nun an der Guillotine oder am Fieber oder am Alter sterben! Es ist noch vorzuziehen, sie treten mit gelenken Gliedern hinter die Kulissen und können im Abgehen noch hübsch gestikulieren und die Zuschauer klatschen hören. Das ist ganz artig und paßt für uns; wir stehen immer auf dem Theater, wenn wir auch zuletzt im Ernst erstochen werden. Es ist recht gut, daß die Lebenszeit ein wenig reduziert wird; der Rock war zu lang, unsere Glieder konnten ihn nicht ausfüllen. Das Leben wird ein Epigramm, das geht an; wer hat auch Atem und Geist genug für ein Epos in fünfzig oder sechzig Gesängen? 's ist Zeit, daß man das bißchen Essenz nicht mehr aus Zubern, sondern aus Likörgläschen trinkt; so bekommt man doch das Maul voll, sonst konnte man kaum einige Tropfen in dem plumpen Gefäß zusammenrinnen machen.

Endlich – ich müßte schreien; das ist mir der Mühe zuviel, das Leben ist nicht die Arbeit wert, die man sich macht, es zu erhalten.

PARIS. So flieh, Danton!

DANTON. Nimmt man das Vaterland an den Schuhsohlen mit? Und endlich – und das ist die Hauptsache: sie werdens nicht wagen. *(Zu Camille).* Komm, mein Junge; ich sage dir, sie werdens nicht wagen. Adieu, adieu!

Danton und Camille ab.

PHILIPPEAU. Da geht er hin.

LACROIX. Und glaubt kein Wort von dem, was er gesagt hat.

Nichts als Faulheit! Er will sich lieber guillotinieren lassen als eine Rede halten.

PARIS. Was tun?

LACROIX. Heimgehen und als Lukretia auf einen anständigen Fall studieren.

Eine Promenade

Spaziergänger.

EIN BÜRGER. Meine gute Jacqueline – ich wollte sagen Korn... wollt ich: Kor...

SIMON. Kornelia, Bürger, Kornelia.

BÜRGER. Meine gute Kornelia hat mich mit einem Knäblein erfreut.

SIMON. Hat der Republik einen Sohn geboren.

BÜRGER. Der Republik, das lautet zu allgemein; man könnte sagen ...

SIMON. Das ists gerade, das Einzelne muß sich dem Allgemeinen ...

BÜRGER. Ach ja, das sagt meine Frau auch.

BÄNKELSÄNGER *(singt.)*

>   Was doch ist, was doch ist
>   Alle Männer Freud und Lüst?

BÜRGER. Ach, mit den Namen, da komm ich gar nicht ins reine.

SIMON. Tauf ihn Pike, Marat!

BÄNKELSÄNGER.

>   Unter Kummer, unter Sorgen
>   Sich bemühn vom frühen Morgen,
>   Bis der Tag vorüber ist.

BÜRGER. Ich hätte gern drei – es ist doch was mit der Zahl Drei – und dann was Nützliches und was Rechtliches; jetzt hab ichs: Pflug, Robespierre. Und dann das dritte?

SIMON. Pike.

BÜRGER. Ich dank Euch, Nachbar; Pike, Pflug, Robespierre, das sind hübsche Namen, das macht sich schön.

SIMON. Ich sage dir, die Brust deiner Kornelia wird wie das Futter der römischen Wölfin – nein, das geht nicht: Romulus war ein Tyrann, das geht nicht. *(Gehn vorbei.)*

EIN BETTLER *(singt).* »Eine Handvoll Erde und ein wenig Moos ...« Liebe Herren, schöne Damen!

ERSTER HERR. Kerl, arbeite, du siehst ganz wohlgenährt aus!

ZWEITER HERR. Da! *(Er gibt ihm Geld.)* Er hat eine Hand wie Sammet. Das ist unverschämt.

BETTLER. Mein Herr, wo habt Ihr Euren Rock her?

ZWEITER HERR. Arbeit, Arbeit! Du könntest den nämlichen haben; ich will dir Arbeit geben, komm zu mir, ich wohne ...

BETTLER. Herr, warum habt Ihr gearbeitet?

ZWEITER HERR. Narr, um den Rock zu haben.

BETTLER. Ihr habt Euch gequält, um einen Genuß zu haben; denn so ein Rock ist ein Genuß, ein Lumpen tuts auch.

ZWEITER HERR. Freilich, sonst gehts nicht.

BETTLER. Daß ich ein Narr wäre! Das hebt einander.
Die Sonne scheint warm an das Eck, und das geht ganz leicht. *(Singt:)* »Eine Handvoll Erde und ein wenig Moos ...«

ROSALIE *(zu Adelaiden).* Mach fort, da kommen Soldaten! Wir haben seit gestern nichts Warmes in den Leib gekriegt.

BETTLER. »Ist auf dieser Erde einst mein letztes Los!« Meine Herren, meine Damen!

SOLDAT. Halt! Wo hinaus, meine Kinder? *(Zu Rosalie.)* Wie alt bist du?

ROSALIE. So alt wie mein kleiner Finger.

SOLDAT. Du bist sehr spitz.

ROSALIE. Und du sehr stumpf.

SOLDAT. So will ich mich an dir wetzen.
(Er singt.) Christinlein, lieb Christinlein, mein,
Tut dir der Schaden weh, Schaden weh,
Schaden weh, Schaden weh?

ROSALIE *(singt).* Ach nein, ihr Herren Soldaten,
        Ich hätt es gerne meh, gerne meh,
        Gerne meh, gerne meh!

Danton und Camille treten auf.

DANTON. Geht das nicht lustig? – Ich wittre was in der Atmo-
sphäre; es ist, als brüte die Sonne Unzucht aus. – Möchte man
nicht drunter springen, sich die Hosen vom Leibe reißen und
sich über den Hintern begatten wie die Hunde auf der Gasse?
(Gehn vorbei.)

JUNGER HERR. Ach, Madame, der Ton einer Glocke, das Abend-
licht an den Bäumen, das Blinken eines Sterns …

MADAME. Der Duft einer Blume! Diese natürlichen Freuden,
dieser reine Genuß der Natur! *(Zu ihrer Tochter.)* Sieh, Euge-
nie, nur die Tugend hat Augen dafür.

EUGENIE *(küßt ihrer Mutter die Hand).* Ach Mama, ich sehe nur
Sie.

MADAME. Gutes Kind!

JUNGER HERR *(zischelt Eugenien ins Ohr).* Sehen Sie dort die
hübsche Dame mit dem alten Herrn?

EUGENIE. Ich kenne sie.

JUNGER HERR. Man sagt, ihr Friseur habe sie à l'enfant frisiert.

EUGENIE *(lacht).* Böse Zunge!

JUNGER HERR. Der alte Herr geht nebenbei; er sieht das Knös-
chen schwellen und führt es in die Sonne spazieren und meint,
er sei der Gewitterregen, der es habe wachsen machen.

EUGENIE. Wie unanständig! Ich hätte Lust, rot zu werden.

JUNGER HERR. Das könnte mich blaß machen. *(Gehn ab.)*

DANTON *(zu Camille).* Mute mir nur nichts Ernsthaftes zu! Ich
begreife nicht, warum die Leute nicht auf der Gasse stehen
bleiben und einander ins Gesicht lachen. Ich meine, sie müß-
ten zu den Fenstern und zu den Gräbern herauslachen, und
der Himmel müsse bersten, und die Erde müsse sich wälzen
vor Lachen. *(Gehn ab.)*

ERSTER HERR. Ich versichere Sie, eine außerordentliche Entdeckung! Alle technischen Künste bekommen dadurch eine andere Physiognomie. Die Menschheit eilt mit Riesenschritten ihrer hohen Bestimmung entgegen.

ZWEITER HERR. Haben Sie das neue Stück gesehen? Ein babylonischer Turm! Ein Gewirr von Gewölben, Treppchen, Gängen, und das alles so leicht und kühn in die Luft gesprengt. Man schwindelt bei jedem Tritt. Ein bizarrer Kopf. *(Er bleibt verlegen stehn.)*

ERSTER HERR. Was haben Sie denn?

ZWEITER HERR. Ach, nichts! Ihre Hand, Herr! die Pfütze – so! Ich danke Ihnen. Kaum kam ich vorbei; das konnte gefährlich werden!

ERSTER HERR. Sie fürchteten doch nicht?

ZWEITER HERR. Ja, die Erde ist eine dünne Kruste; ich meine immer, ich könnte durchfallen, wo so ein Loch ist. – Man muß mit Vorsicht auftreten, man könnte durchbrechen. Aber gehn Sie ins Theater, ich rat es Ihnen!

Ein Zimmer

Danton, Camille, Lucile.

CAMILLE. Ich sage euch, wenn sie nicht alles in hölzernen Kopien bekommen, verzettelt in Theatern, Konzerten und Kunstausstellungen, so haben sie weder Augen noch Ohren dafür. Schnitzt einer eine Marionette, wo man den Strick hereinhängen sieht, an dem sie gezerrt wird und deren Gelenke bei jedem Schritt in fünffüßigen Jamben krachen – welch ein Charakter, welche Konsequenz! Nimmt einer ein Gefühlchen, eine Sentenz, einen Begriff, und zieht ihm Rock und Hosen an, macht ihm Hände und Füße, färbt ihm das Gesicht und läßt das Ding sich drei Akte hindurch herumquälen, bis es sich zuletzt verheiratet oder sich totschießt – ein Ideal! Fiedelt einer eine

Oper, welche das Schweben und Senken im menschlichen Ge-
müt wiedergibt wie eine Tonpfeife mit Wasser die Nachtigall –
ach, die Kunst! Setzt die Leute aus dem Theater auf die Gasse:
die erbärmliche Wirklichkeit! – Sie vergessen ihren Herrgott
über seinen schlechten Kopisten. Von der Schöpfung, die glü-
hend, brausend und leuchtend, um und in ihnen, sich jeden
Augenblick neu gebiert, hören und sehen sie nichts. Sie gehen
ins Theater, lesen Gedichte und Romane, schneiden den Frat-
zen darin die Gesichter nach und sagen zu Gottes Geschöpfen:
wie gewöhnlich! – Die Griechen wußten, was sie sagten, wenn
sie erzählten, Pygmalions Statue sei wohl lebendig geworden,
habe aber keine Kinder bekommen.

DANTON. Und die Künstler gehn mit der Natur um wie David,
der im September die Gemordeten, wie sie aus der Force auf die
Gasse geworfen wurden, kaltblütig zeichnete und sagte: ich er-
hasche die letzten Zuckungen des Lebens in diesen Bösewich-
tern. *(Danton wird hinausgerufen.)*

CAMILLE. Was sagst du, Lucile?

LUCILE. Nichts, ich seh dich so gern sprechen.

CAMILLE. Hörst mich auch?

LUCILE. Ei freilich!

CAMILLE. Hab ich recht? Weißt du auch, was ich gesagt habe?

LUCILE. Nein, wahrhaftig nicht. *(Danton kommt zurück.)*

CAMILLE. Was hast du?

DANTON. Der Wohlfahrtsausschuß hat meine Verhaftung be-
schlossen. Man hat mich gewarnt und mir einen Zufluchtsort
angeboten.

Sie wollen meinen Kopf; meinetwegen. Ich bin der Hudelei-
en überdrüssig. Mögen sie ihn nehmen. Was liegt daran? Ich
werde mit Mut zu sterben wissen; das ist leichter, als zu le-
ben.

CAMILLE. Danton, noch ists Zeit!

DANTON. Unmöglich – aber ich hätte nicht gedacht …

CAMILLE. Deine Trägheit!

DANTON. Ich bin nicht träg, aber müde; meine Sohlen brennen
mich.

CAMILLE. Wo gehst du hin?

DANTON. Ja, wer das wüßte!

CAMILLE. Im Ernst, wohin?

DANTON. Spazieren, mein Junge, spazieren. *(Er geht.)*

LUCILE. Ach, Camille!

CAMILLE. Sei ruhig, lieb Kind!

LUCILE. Wenn ich denke, daß sie dies Haupt –! Mein Camille!
das ist Unsinn, gelt, ich bin wahnsinnig?

CAMILLE. Sei ruhig, Danton und ich sind nicht eins.

LUCILE. Die Erde ist weit, und es sind viel Dinge drauf – warum
denn gerade das eine? Wer sollte mirs nehmen? Das wäre arg.
Was wollten sie auch damit anfangen?

CAMILLE. Ich wiederhole dir: du kannst ruhig sein. Gestern
sprach ich mit Robespierre: er war freundlich. Wir sind ein we-
nig gespannt, das ist wahr; verschiedne Ansichten, sonst nichts!

LUCILE. Such ihn auf!

CAMILLE. Wir saßen auf einer Schulbank. Er war immer finster
und einsam. Ich allein suchte ihn auf und machte ihn zuweilen
lachen. Er hat mir immer große Anhänglichkeit gezeigt. Ich
gehe.

LUCILE. So schnell, mein Freund? Geh! Komm! Nur das *(sie
küßt ihn)* und das! Geh! Geh! *(Camille ab.)*

Das ist eine böse Zeit. Es geht einmal so. Wer kann da drüber
hinaus? Man muß sich fassen. *(Singt.)*

> Ach Scheiden, ach Scheiden, ach Scheiden,
> Wer hat sich das Scheiden erdacht?

Wie kommt mir grad das in Kopf? Das ist nicht gut, daß es den
Weg so von selbst findet. – Wie er hinaus ist, war mirs, als
könnte er nicht mehr umkehren und müsse immer weiter weg
von mir, immer weiter.

Wie das Zimmer so leer ist; die Fenster stehn offen, als hätte ein
Toter drin gelegen. Ich halte es da oben nicht aus. *(Sie geht.)*

Freies Feld

DANTON. Ich mag nicht weiter. Ich mag in dieser Stille mit dem
Geplauder meiner Tritte und dem Keuchen meines Atems nicht
Lärm machen. *(Er setzt sich nieder; nach einer Pause.)*
Man hat mir von einer Krankheit erzählt, die einem das Ge-
dächtnis verlieren mache. Der Tod soll etwas davon haben.
Dann kommt mir manchmal die Hoffnung, daß er vielleicht
noch kräftiger wirke und einem alles verlieren mache. Wenn
das wäre! – Dann lief ich wie ein Christ, um einen Feind, d. h.
mein Gedächtnis, zu retten.
Der Ort soll sicher sein, ja für mein Gedächtnis, aber nicht für
mich; mir gibt das Grab mehr Sicherheit, es schafft mir wenig-
stens Vergessen. Es tötet mein Gedächtnis. Dort aber lebt
mein Gedächtnis und tötet mich. Ich oder es? Die Antwort ist
leicht. *(Er erhebt sich und kehrt um.)*
Ich kokettiere mit dem Tod; es ist ganz angenehm, so aus der
Ferne mit dem Lorgnon mit ihm zu liebäugeln.
Eigentlich muß ich über die ganze Geschichte lachen. Es ist
ein Gefühl des Bleibens in mir, was mir sagt: es wird morgen
sein wie heute, und übermorgen und weiter hinaus ist alles wie
eben. Das ist leerer Lärm, man will mich schrecken; sie wer-
dens nicht wagen! *(Ab.)*

Ein Zimmer

Es ist Nacht.

DANTON *(am Fenster).* Will denn das nie aufhören? Wird das
Licht nie ausglühn und der Schall nie modern? Wills denn nie
still und dunkel werden, daß wir uns die garstigen Sünden ein-
ander nicht mehr anhören und ansehen? – September! –
JULIE *(ruft von innen).* Danton! Danton!
DANTON. He?

JULIE *(tritt ein).* Was rufst du?

DANTON. Rief ich?

JULIE. Du sprachst von garstigen Sünden, und dann stöhntest du: September!

DANTON. Ich, ich? Nein, ich sprach nicht; das dacht ich kaum, das waren nur ganz leise, heimliche Gedanken.

JULIE. Du zitterst, Danton!

DANTON. Und soll ich nicht zittern, wenn so die Wände plaudern? Wenn mein Leib so zerschellt ist, daß meine Gedanken unstet umirrend mit den Lippen der Steine reden? Das ist seltsam.

JULIE. Georg, mein Georg!

DANTON. Ja, Julie, das ist sehr seltsam. Ich möchte nicht mehr denken, wenn das gleich so spricht. Es gibt Gedanken, Julie, für die es keine Ohren geben sollte. Das ist nicht gut, daß sie bei der Geburt gleich schreien wie Kinder; das ist nicht gut.

JULIE. Gott erhalte dir deine Sinne! – Georg, Georg, erkennst du mich?

DANTON. Ei, warum nicht! Du bist ein Mensch und dann eine Frau und endlich meine Frau, und die Erde hat fünf Weltteile, Europa, Asien, Afrika, Amerika, Australien und zweimal zwei macht vier. Ich bin bei Sinnen, siehst du. – Schries nicht September? Sagtest du nicht so was?

JULIE. Ja, Danton, durch alle Zimmer hört ichs.

DANTON. Wie ich ans Fenster kam – *(er sieht hinaus)* die Stadt ist ruhig, alle Lichter aus …

JULIE. Ein Kind schreit in der Nähe.

DANTON. Wie ich ans Fenster kam – durch alle Gassen schrie und zetert' es: September!

JULIE. Du träumtest, Danton. Faß dich!

DANTON. Träumtest? Ja, ich träumte; doch das war anders, ich will dir es gleich sagen – mein armer Kopf ist schwach – gleich! So, jetzt hab ichs: Unter mir keuchte die Erdkugel in ihrem Schwung; ich hatte sie wie ein wildes Roß gepackt, mit riesigen

Gliedern wühlt ich in ihren Mähnen und preßt ich ihre Rippen, das Haupt abwärts gewandt, die Haare flatternd über dem Abgrund; so ward ich geschleift. Da schrie ich in der Angst, und ich erwachte. Ich trat ans Fenster – und da hört ichs, Julie. Was das Wort nur will? Warum gerade das? Was hab ich damit zu schaffen? Was streckt es nach mir die blutigen Hände? Ich hab es nicht geschlagen – O hilf mir, Julie, mein Sinn ist stumpf! Wars nicht im September, Julie?

JULIE. Die Könige waren nur noch vierzig Stunden von Paris …

DANTON. Die Festungen gefallen, die Aristokraten in der Stadt …

JULIE. Die Republik war verloren.

DANTON. Ja, verloren. Wir konnten den Feind nicht im Rücken lassen, wir wären Narren gewesen: zwei Feinde auf einem Brett; wir oder sie, der Stärkere stößt den Schwächeren hinunter – ist das nicht billig?

JULIE. Ja, ja.

DANTON. Wir schlugen sie – das war kein Mord, das war Krieg nach innen.

JULIE. Du hast das Vaterland gerettet.

DANTON. Ja, das hab ich; das war Notwehr, wir mußten. Der Mann am Kreuze hat sichs bequem gemacht: es muß ja Ärgernis kommen, doch wehe dem, durch welchen Ärgernis kommt! – Es muß; das war dies muß. Wer will der Hand fluchen, auf die der Fluch des Muß gefallen? Wer hat das Muß gesprochen, wer? Was ist das, was in uns lügt, hurt, stiehlt und mordet? Puppen sind wir, von unbekannten Gewalten am Draht gezogen; nichts, nichts wir selbst! die Schwerter, mit denen Geister kämpfen – man sieht nur die Hände nicht, wie im Märchen – Jetzt bin ich ruhig.

JULIE. Ganz ruhig, lieb Herz?

DANTON. Ja, Julie; komm, zu Bette!

Straße vor Dantons Haus

Simon, Bürgersoldaten.

SIMON. Wie weit ists in der Nacht?

ERSTER BÜRGER. Was in der Nacht?

SIMON. Wie weit ist die Nacht?

ERSTER BÜRGER. So weit als zwischen Sonnenuntergang und Sonnenaufgang.

SIMON. Schuft, wieviel Uhr?

ERSTER BÜRGER. Sieh auf dein Zifferblatt; es ist die Zeit, wo die Perpendikel unter den Bettdecken ausschlagen.

SIMON. Wir müssen hinauf! Fort, Bürger! Wir haften mit unseren Köpfen dafür. Tot oder lebendig! Er hat gewaltige Glieder. Ich werde vorangehen, Bürger. Der Freiheit ist eine Gasse! – Sorgt für mein Weib! Eine Eichenkrone werd ich ihr hinterlassen.

ERSTER BÜRGER. Eine Eichelkrone? Es sollen ihr ohnehin jeden Tag Eicheln genug in den Schoß fallen.

SIMON. Vorwärts, Bürger, ihr werdet euch um das Vaterland verdient machen!

ZWEITER BÜRGER. Ich wollte, das Vaterland machte sich um uns verdient; über all den Löchern, die wir in andrer Leute Körper machen, ist noch kein einziges in unsern Hosen zugegangen.

ERSTER BÜRGER. Willst du, daß dir dein Hosenlatz zuginge? Hä, hä, hä!

DIE ANDERN. Hä, hä, hä!

SIMON. Fort, fort! Sie dringen in Dantons Haus.

Der Nationalkonvent

Eine Gruppe von Deputierten.

LEGENDRE. Soll denn das Schlachten der Deputierten nicht aufhören? – Wer ist noch sicher, wenn Danton fällt?

EIN DEPUTIERTER. Was tun?

EIN ANDERER. Er muß vor den Schranken des Konvents gehört werden. – Der Erfolg dieses Mittels ist sicher; was sollten sie seiner Stimme entgegensetzen?

EIN ANDERER. Unmöglich, ein Dekret verhindert uns.

LEGENDRE. Es muß zurückgenommen oder eine Ausnahme gestattet werden. – Ich werde den Antrag machen; ich rechne auf eure Unterstützung.

DER PRÄSIDENT. Die Sitzung ist eröffnet.

LEGENDRE *(besteigt die Tribüne).* Vier Mitglieder des Nationalkonvents sind verflossene Nacht verhaftet worden. Ich weiß, daß Danton einer von ihnen ist, die Namen der übrigen kenne ich nicht. Mögen sie übrigens sein, wer sie wollen, so verlange ich, daß sie vor den Schranken gehört werden.

Bürger, ich erkläre es: ich halte Danton für ebenso rein wie mich selbst, und ich glaube nicht, daß mir irgendein Vorwurf gemacht werden kann. Ich will kein Mitglied des Wohlfahrts- oder des Sicherheitsausschusses angreifen, aber gegründete Ursachen lassen mich fürchten, Privathaß und Privatleidenschaft möchten der Freiheit Männer entreißen, die ihr die größten Dienste erwiesen haben. Der Mann, welcher im Jahre 1792 Frankreich durch seine Energie rettete, verdient gehört zu werden; er muß sich erklären dürfen, wenn man ihn des Hochverrats anklagt. *(Heftige Bewegung.)*

EINIGE STIMMEN. Wir unterstützen Legendres Vorschlag.

EIN DEPUTIERTER. Wir sind hier im Namen des Volkes; man kann uns ohne den Willen unserer Wähler nicht von unseren Plätzen reißen.

EIN ANDERER. Eure Worte riechen nach Leichen; ihr habt sie den Girondisten aus dem Munde genommen. Wollt ihr Privilegien? Das Beil des Gesetzes schwebt über allen Häuptern.

EIN ANDERER. Wir können unsern Ausschüssen nicht erlauben, die Gesetzgeber aus dem Asyl des Gesetzes auf die Guillotine zu schicken.

EIN ANDERER. Das Verbrechen hat kein Asyl, nur gekrönte Verbrecher finden eins auf dem Thron.

EIN ANDERER. Nur Spitzbuben appellieren an das Asylrecht.

EIN ANDERER. Nur Mörder erkennen es nicht an.

ROBESPIERRE. Die seit langer Zeit in dieser Versammlung unbekannte Verwirrung beweist, daß es sich um große Dinge handelt. Heute entscheidet sichs, ob einige Männer den Sieg über das Vaterland davontragen werden. – Wie könnt ihr eure Grundsätze weit genug verleugnen, um heute einigen Individuen das zu bewilligen, was ihr gestern Chabot, Delaunai und Fabre verweigert habt? Was soll dieser Unterschied zugunsten einiger Männer? Was kümmern mich die Lobsprüche, die man sich selbst und seinen Freunden spendet? Nur zu viele Erfahrungen haben uns gezeigt, was davon zu halten sei. Wir fragen nicht, ob ein Mann diese oder jene patriotische Haltung vollbracht habe; wir fragen nach seiner ganzen politischen Laufbahn. – Legendre scheint die Namen der Verhafteten nicht zu wissen; der ganze Konvent kennt sie. Sein Freund Lacroix ist darunter. Warum scheint Legendre das nicht zu wissen? Weil er wohl weiß, daß nur die Schamlosigkeit Lacroix verteidigen kann. Er nannte nur Danton, weil er glaubt, an diesen Namen knüpfe sich ein Privilegium. Nein, wir wollen keine Privilegien, wir wollen keine Götzen! *(Beifall.)*

Was hat Danton vor Lafayette, vor Dumouriez, vor Brissot, Fabre, Chabor, Hébert voraus? Was sagt man von diesen, was man nicht auch von ihm sagen könnte? Habt ihr sie gleichwohl geschont? Wodurch verdient er einen Vorzug vor seinen Mitbürgern? Etwa, weil einige betrogne Individuen und andere, die sich nicht betrügen ließen, sich um ihn reihten, um in seinem Gefolge dem Glück und der Macht in die Arme zu laufen? – Je mehr er die Patrioten betrogen hat, welche Vertrauen in ihn setzten, desto nachdrücklicher muß er die Strenge der Freiheitsfreunde empfinden.

Man will euch Furcht einflößen vor dem Mißbrauche einer Ge-

walt, die ihr selbst ausgeübt habt. Man schreit über den Despo-
tismus der Ausschüsse, als ob das Vertrauen, welches das Volk
euch geschenkt und das ihr diesen Ausschüssen übertragen
habt, nicht eine sichre Garantie ihres Patriotismus wäre. Man
stellt sich, als zittre man. Aber ich sage euch, wer in diesem Au-
genblicke zittert, ist schuldig; denn nie zittert die Unschuld vor
der öffentlichen Wachsamkeit. *(Allgemeiner Beifall.)*
Man hat auch mich schrecken wollen; man gab mir zu verste-
hen, daß die Gefahr, indem sie sich Danton nähere, auch bis zu
mir dringen könne. Man schrieb mir, Dantons Freunde hielten
mich umlagert, in der Meinung, die Erinnerung an eine alte
Verbindung, der blinde Glauben an erheuchelte Tugenden
könnten mich bestimmen, meinen Eifer und meine Leiden-
schaft für die Freiheit zu mäßigen. – So erkläre ich denn: nichts
soll mich aufhalten, und sollte auch Dantons Gefahr die meini-
ge werden. Wir alle haben etwas Mut und etwas Seelengröße
nötig. Nur Verbrecher und gemeine Seelen fürchten, ihresglei-
chen an ihrer Seite fallen zu sehen, weil sie, wenn keine Schar
von Mitschuldigen sie mehr versteckt, sich dem Licht der
Wahrheit ausgesetzt sehen. Aber wenn es dergleichen Seelen in
dieser Versammlung gibt, so gibt es in ihr auch heroische. Die
Zahl der Schurken ist nicht groß; wir haben nur wenige Köpfe
zu treffen, und das Vaterland ist gerettet. *(Beifall.)*
Ich verlange, daß Legendres Vorschlag zurückgewiesen wer-
de. *(Die Deputierten erheben sich sämtlich zum Zeichen allge-
meiner Beistimmung.)*

St. Just. Es schient in dieser Versammlung einige empfindliche
Ohren zu geben, die das Wort »Blut« nicht wohl vertragen
können. Einige allgemeine Betrachtungen mögen sie überzeu-
gen, daß wir nicht grausamer sind als die Natur und als die
Zeit. Die Natur folgt ruhig und unwiderstehlich ihren Geset-
zen; der Mensch wird vernichtet, wo er mit ihnen in Konflikt
kommt. Eine Änderung in den Bestandteilen der Luft, ein Auf-
lodern des tellurischen Feuers, ein Schwanken in dem Gleich-

gewicht einer Wassermasse und eine Seuche, ein vulkanischer Ausbruch, eine Überschwemmung begraben Tausende. Was ist das Resultat? Eine unbedeutende, im großen Ganzen kaum bemerkbare Veränderung der physischen Natur, die fast spurlos vorübergegangen sein würde, wenn nicht Leiden auf ihrem Wege lägen.

Ich frage nun: soll die geistige Natur in ihren Revolutionen mehr Rücksicht nehmen als die physische? Soll eine Idee nicht ebensogut wie ein Gesetz der Physik vernichten dürfen, was sich ihr widersetzt? Soll überhaupt ein Ereignis, was die ganze Gestaltung der moralischen Natur, das heißt der Menschheit, umändert, nicht durch Blut gehen dürfen? Der Weltgeist bedient sich in der geistigen Sphäre unserer Arme ebenso, wie er in der physischen Vulkane und Wasserfluten gebraucht. Was liegt daran, ob sie an einer Seuche oder an der Revolution sterben?

Die Schritte der Menschheit sind langsam, man kann sie nur nach Jahrhunderten zählen; hinter jedem erheben sich die Gräber von Generationen. Das Gelangen zu den einfachsten Erfindungen und Grundsätzen hat Millionen das Leben gekostet, die auf dem Wege starben. Ist es denn nicht einfach, daß zu einer Zeit, wo der Gang der Geschichte rascher ist, auch mehr Menschen außer Atem kommen?

Wir schließen schnell und einfach: Da alle unter gleichen Verhältnissen geschaffen werden, so sind alle gleich, die Unterschiede abgerechnet, welche die Natur selbst gemacht hat; es darf daher jeder Vorzüge und darf daher keiner Vorrechte haben, weder ein einzelner noch eine geringere oder größere Klasse von Individuen. – Jedes Glied dieses in der Wirklichkeit angewandten Satzes hat seine Menschen getötet. Der 14. Juli, der 10. August, der 31. Mai sind seine Interpunktionszeichen. Er hatte vier Jahre Zeit nötig, um in der Körperwelt durchgeführt zu werden, und unter gewöhnlichen Umständen hätte er ein Jahrhundert dazu gebraucht und wäre mit Generationen interpunktiert worden. Ist es da so zu verwundern, daß der Strom der Revolution bei jedem Absatz, bei jeder neuen Krümmung seine Leichen ausstößt? Wir werden unserem Satze noch einige Schlüsse hinzuzufügen haben; sollen einige hundert Leichen uns verhindern, sie zu machen? – Moses führte sein Volk durch das Rote Meer und in die Wüste, bis die alte verdorbne Generation sich aufgerieben hatte, eh er den neuen Staat gründete. Gesetzgeber! Wir haben weder das Rote Meer noch die Wüste, aber wir haben den Krieg und die Guillotine.

Die Revolution ist wie die Töchter des Pelias: sie zerstückt die Menschheit, um sie zu verjüngen. Die Menschheit wird aus dem Blutkessel wie die Erde aus den Wellen der Sündflut mit urkräftigen Gliedern sich erheben, als wäre sie zum ersten Male geschaffen. *(Langer, anhaltender Beifall. Einige Mitglieder erheben sich im Enthusiasmus.)*

Alle geheimen Feinde der Tyrannei, welche in Europa und auf dem ganzen Erdkreise den Dolch des Brutus unter ihren Gewändern tragen, fordern wir auf, diesen erhabnen Augenblick mit uns zu teilen. *(Die Zuhörer und die Deputierten stimmen die Marseillaise an.)*

Dritter Akt

Das Luxembourg, ein Saal mit Gefangenen.

Chaumette, Payne, Mercier, Hérault-Séchelles und andere Gefangne.

CHAUMETTE *(zupft Payne am Ärmel)*. Hören Sie, Payne, es könnte doch so sein, vorhin überkam es mich so; ich habe heute Kopfweh, helfen Sie mir ein wenig mit Ihren Schlüssen, es ist mir ganz unheimlich zumut.

PAYNE. So komm, Philosoph Anaxagoras, ich will dich katechisieren. – Es gibt keinen Gott, denn: Entweder hat Gott die Welt geschaffen oder nicht. Hat er sie nicht geschaffen, so hat die Welt ihren Grund in sich, und es gibt keinen Gott, da Gott nur dadurch Gott wird, daß er den Grund alles Seins enthält. Nun kann aber Gott die Welt nicht geschaffen haben; denn entweder ist die Schöpfung ewig wie Gott, oder sie hat einen Anfang. Ist letzteres der Fall, so muß Gott sie zu einem bestimmten Zeitpunkt geschaffen haben, Gott muß also, nachdem er eine Ewigkeit geruht, einmal tätig geworden sein, muß also einmal eine Veränderung in sich erlitten haben, die den Begriff Z e i t auf ihn anwenden läßt, was beides gegen das Wesen Gottes streitet. Gott kann also die Welt nicht geschaffen haben. Da wir nun aber sehr deutlich wissen, daß die Welt oder daß unser Ich wenigstens vorhanden ist, und daß sie dem Vorhergehenden nach also auch ihr Grund in sich oder in etwas haben muß, das nicht Gott ist, so kann es keinen Gott geben. Quod erat demonstrandum.

CHAUMETTE. Ei wahrhaftig, das gibt mir wieder Licht; ich danke, danke!

MERCIER. Halten Sie, Payne! Wenn aber die Schöpfung ewig ist?

PAYNE. Dann ist sie schon keine Schöpfung mehr, dann ist sie eins mit Gott oder ein Attribut desselben, wie Spinoza sagt;

dann ist Gott in allem, in Ihnen, Wertester, im Philosoph Ana-
xagoras und in mir. Das wäre so übel nicht, aber Sie müssen
mir zugestehen, daß es gerade nicht viel um die himmlische
Majestät ist, wenn der liebe Herrgott in jedem von uns Zahn-
weh kriegen, den Tripper haben, lebendig begraben werden
oder wenigstens die sehr unangenehmen Vorstellungen davon
haben kann.

MERCIER. Aber eine Ursache muß doch da sein.

PAYNE. Wer leugnet dies? Aber wer sagt Ihnen denn, daß diese
Ursache das sei, was wir uns als Gott, d. h. als das Vollkommne
denken? Halten Sie die Welt für vollkommen?

MERCIER. Nein.

PAYNE. Wie wollen Sie denn aus einer unvollkommnen Wirkung
auf eine vollkommne Ursache schließen? – Voltaire wagte es
ebensowenig mit Gott als mit den Königen zu verderben, des-
wegen tat er es. Wer einmal nichts hat als Verstand und ihn
nicht einmal konsequent zu gebrauchen weiß oder wagt, ist
ein Stümper.

MERCIER. Ich frage dagegen: kann eine vollkommne Ursache ei-
ne vollkommne Wirkung haben, d. h. kann etwas Vollkomm-
nes was Vollkommnes schaffen? Ist das nicht unmöglich, weil
das Geschaffne doch nie seinen Grund in sich haben kann, was
doch, wie Sie sagen, zur Vollkommenheit gehört?

CHAUMETTE. Schweigen Sie! Schweigen Sie!

PAYNE. Beruhige dich, Philosoph! – Sie haben recht; aber muß
denn Gott einmal schaffen, kann er nur was Unvollkommnes
schaffen, so läßt er es gescheuter ganz bleiben. Ists nicht sehr
menschlich, uns Gott nur als schaffend denken zu können?
Weil wir uns immer regen und schütteln müssen, um uns nur
immer sagen zu können: wir sind! müssen wir Gott auch dies
elende Bedürfnis andichten? – Müssen wir, wenn sich unser
Geist in das Wesen einer harmonisch in sich ruhenden, ewigen
Seligkeit versenkt, gleich annehmen, sie müsse die Finger aus-
strecken und über Tisch Brotmännchen kneten? aus über-

schwenglichem Liebesbedürfnis, wie wir uns ganz geheimnis-
voll in die Ohren sagen. Müssen wir das alles, bloß um uns zu
Göttersöhnen zu machen? Ich nehme mit einem geringern Va-
ter vorlieb; wenigstens werd ich ihm nicht nachsagen können,
daß er mich unter seinem Stande in Schweineställen oder auf
den Galeeren habe erziehen lassen.

Schafft das Unvollkommne weg, dann allein könnt ihr Gott
demonstrieren; Spinoza hat es versucht. Man kann das Böse
leugnen, aber nicht den Schmerz; nur der Verstand kann Gott
beweisen, aber nicht der Schmerz; nur der Verstand kann Gott
beweisen, das Gefühl empört sich dagegen. Merke dir es, Ana-
xagoras: warum leide ich? Das ist der Fels des Atheismus. Das
leiseste Zucken des Schmerzes, und rege es sich nur in einem
Atom, macht einen Riß in der Schöpfung von oben bis unten.

MERCIER. Und die Moral?

PAYNE. Erst beweist ihr Gott aus der Moral und dann die Moral
aus Gott! – Was wollt ihr denn mit eurer Moral? Ich weiß nicht,
ob es an und für sich was Böses oder was Gutes gibt, und habe
deswegen doch nicht nötig, meine Handlungsweise zu ändern.
Ich handle meiner Natur gemäß; was ihr angemessen, ist für
mich gut und ich tue es, und was ihr zuwider, ist für mich bös
und ich tue es nicht und verteidige mich dagegen, wenn es mir
in den Weg kommt. Sie können, wie man so sagt, tugendhaft
bleiben und sich gegen das sogenannte Laster wehren, ohne
deswegen ihre Gegner verachten zu müssen, was ein gar trauri-
ges Gefühl ist.

CHAUMETTE. Wahr, sehr wahr!

HÉRAULT. O Philosoph Anaxagoras, man könnte aber auch sa-
gen: damit Gott alles sei, müsse er auch sein eignes Gegenteil
sein, d. h. vollkommen und unvollkommen, bös und gut, selig
und leidend; das Resultat freilich würde gleich Null sein, es
würde sich gegenseitig heben, wir kämen zum Nichts. – Freue
dich, du kömmst glücklich durch; du kannst ganz ruhig in
Madame Momoro das Meisterstück der Natur anbeten, we-

nigstens hat sie dir die Rosenkränze dazu in den Leisten gelassen.

CHAUMETTE. Ich danke Ihnen verbindlichst, meine Herren! *(Ab.)*

PAYNE. Er traut noch nicht, er wird sich zu guter Letzt noch die Ölung geben, die Füße nach Mekka zu legen und sich beschneiden lassen, um ja keinen Weg zu verfehlen.

Danton, Lacroix, Camille, Philippeau werden hereingeführt.

HÉRAULT *(läuft auf Danton zu und umarmt ihn)*. Guten Morgen! Gute Nacht sollte ich sagen. Ich kann nicht fragen, wie hast du geschlafen –: wie wirst du schlafen?

Danton. Nun gut, man muß lachend zu Bett gehn.

MERCIER *(zu Payne)*. Diese Dogge mit Taubenflügeln! Er ist der böse Genius der Revolution; er wagte sich an seine Mutter, aber sie war stärker als er.

PAYNE. Sein Leben und sein Tod sind ein gleich großes Unglück.

LACROIX *(zu Danton)*. Ich dachte nicht, daß sie so schnell kommen würden.

DANTON. Ich wußte es, man hatte mich gewarnt.

LACROIX. Und du hast nichts gesagt?

DANTON. Zu was? Ein Schlagfluß ist der beste Tod; wolltest du zuvor krank sein? Und – ich dachte nicht, daß sie es wagen würden. *(Zu Hérault.)* Es ist besser, sich in die Erde legen als sich Leichdörner auf ihr laufen; ich habe sie lieber zum Kissen als zum Schemel.

HÉRAULT. Wir werden wenigstens nicht mit Schwielen an den Fingern der hübschen Dame Verwesung die Wangen streicheln.

CAMILLE *(zu Danton)*. Gib dir nur keine Mühe! du magst die Zunge noch so weit zum Hals heraushängen, du kannst dir damit doch nicht den Todesschweiß von der Stirne lecken. – O Lucile! Das ist ein großer Jammer.

Die Gefangenen drängen sich um die neu Angekommnen.

DANTON *(zu Payne).* Was Sie für das Wohl Ihres Landes getan, habe ich für das meinige versucht. Ich war weniger glücklich, man schickt mich aufs Schafott; meinetwegen, ich werde nicht stolpern.

MERCIER *(zu Danton).* Das Blut der Zweiundzwanzig ersäuft dich.

EIN GEFANGENER *(zu Hérault).* Die Macht des Volkes und die Macht der Vernunft sind eins.

EIN ANDERER *(zu Camille).* Nun, Generalprokurator der Laterne, deine Verbesserung der Straßenbeleuchtung hat in Frankreich nicht heller gemacht.

EIN ANDERER. Laßt ihn! Das sind die Lippen, welche das Wort »Erbarmen« gesprochen. *(Er umarmt Camille, mehrere Gefangne folgen seinem Beispiel.)*

PHILIPPEAU. Wir sind Priester, die mit Sterbenden gebetet haben; wir sind angesteckt worden und sterben an der nämlichen Seuche.

EINIGE STIMMEN. Der Streich, der euch trifft, tötet uns alle.

CAMILLE. Meine Herren, ich beklage sehr, daß unsere Anstrengungen so fruchtlos waren; ich gehe aufs Schafott, weil mir die Augen über das Los einiger Unglücklichen naß geworden.

Ein Zimmer

Fouquier-Tinville. Herman.

FOUQUIER. Alles bereit?

HERMAN. Es wird schwer halten; wäre Danton nicht darunter, so ginge es leicht.

FOUQUIER. Er muß vortanzen.

HERMAN. Er wird die Geschwornen erschrecken, er ist die Vogelscheuche der Revolution.

FOUQUIER. Die Geschwornen müssen wollen.

HERMAN. Ein Mittel wüßt ich, aber es wird die gesetzliche Form verletzen.

FOUQUIER. Nur zu!

HERMAN. Wir losen nicht, sondern suchen die Handfesten aus.

FOUQUIER. Das muß gehen. – Das wird ein gutes Heckefeuer geben. Es sind ihrer neunzehn. Sie sind geschickt zusammengewörfelt. Die vier Fälscher, dann einige Bankiers und Fremde. Es ist ein pikantes Gericht. Das Volk braucht dergleichen. – Also zuverlässige Leute! Wer zum Beispiel?

HERMAN. Leroi. Er ist taub und hört daher nichts von all dem, was die Angeklagten vorbringen; Danton mag sich den Hals bei ihm rauh schreien.

FOUQUIER. Sehr gut; weiter!

HERMAN. Vilatte und Lumière. Der eine sitzt immer in der Trinkstube, und der andere schläft immer; beide öffnen den Mund nur, um das Wort »Schuldig« zu sagen. – Girard hat den Grundsatz, es dürfe keiner entwischen, der einmal vor das Tribunal gestellt sei. Renaudin …

FOUQUIER. Auch der? Er half einmal einigen Pfaffen durch.

HERMAN. Sei ruhig! Vor einigen Tagen kommt er zu mir und verlangt, man solle allen Verurteilten vor der Hinrichtung zur Ader lassen, um sie ein wenig matt zu machen; ihre meist trotzige Haltung ärgere ihn.

FOUQUIER. Ach, sehr gut. Also ich verlasse mich!

HERMAN. Laß mich nur machen!

Die Conciergerie. Ein Korridor

Lacroix, Danton, Mercier und andre Gefangne auf und ab gehend.

LACROIX *(zu einem Gefangnen).* Wie, so viel Unglückliche, und in einem so elenden Zustande?

DER GEFANGENE. Haben Ihnen die Guillotinenkarten nie gesagt, daß Paris eine Schlachtbank sei?

MERCIER. Nicht wahr, Lacroix, die Gleichheit schwingt ihre Sichel über alle Häuptern, die Lava der Revolution fließt, die Guillotine republikanisiert! Da klatschen die Galerieen, und die Römer reiben sich die Hände; aber sie hören nicht, daß jedes dieser Worte das Röcheln eines Opfers ist. Geht einmal euren Phrasen nach bis zu dem Punkt, wo sie verkörpert werden. – Blickt um euch, das alles habt ihr gesprochen; es ist eine mimische Übersetzung eurer Worte. Diese Elenden, ihre Henker und die Guillotine sind eure lebendig gewordnen Reden. Ihr bautet eure Systeme, wie Bajazet seine Pyramiden, aus Menschenköpfen.

DANTON. Du hast recht – man arbeitet heutzutag alles in Menschenfleisch. Das ist der Fluch unserer Zeit. Mein Leib wird jetzt auch verbraucht.

Es ist grade ein Jahr, daß ich das Revolutionstribunal schuf. Ich bitte Gott und Menschen dafür um Verzeihung; ich wollte neuen Septembermorden zuvorkommen, ich hoffte die Unschuldigen zu retten, aber dies langsame Morden mit seinen Formalitäten ist gräßlicher und ebenso unvermeidlich. Meine Herren, ich hoffte, Sie alle diesen Orten verlassen zu machen.

MERCIER. O, herausgehen werden wir.

DANTON. Ich bin jetzt bei Ihnen; der Himmel weiß, wie das enden soll.

Das Revolutionstribunal

HERMAN *(zu Danton)*. Ihr Name, Bürger.

DANTON. Die Revolution nennt meinen Namen. Meine Wohnung ist bald im Nichts und meine Name im Pantheon der Geschichte.

HERMAN. Danton, der Konvent beschuldigt Sie, mit Mirabeau, mit Dumouriez, mit Orléans, mit den Girondisten, den Fremden und der Faktion Ludwigs des XVII. konspiriert zu haben.

DANTON. Meine Stimme, die ich so oft für die Sache des Volkes ertönen ließ, wird ohne Mühe die Verleumdung zurückweisen. Die Elenden, welche mich anklagen, mögen hier erscheinen, und ich werde sie mit Schande bedecken. Die Ausschüsse mögen sich hierher begeben, ich werde nur vor ihnen antworten. Ich habe sie als Kläger und als Zeugen nötig. Sie mögen sich zeigen.

Übrigens, was liegt mir an euch und eurem Urteil? Ich hab es euch schon gesagt: das Nichts wird bald mein Asyl sein – das Leben ist mir zur Last, man mag mir es entreißen, ich sehne mich danach, es abzuschütteln.

HERMAN. Danton, die Kühnheit ist dem Verbrecher, die Ruhe der Unschuld eigen.

DANTON. Privatkühnheit ist ohne Zweifel zu tadeln, aber jene Nationalkühnheit, die ich so oft gezeigt, mit welcher ich so oft für die Freiheit gekämpft habe, ist die verdienstvollste aller Tugenden. – Sie ist meine Kühnheit, sie ist es, der ich mich hier zum Besten der Republik gegen meine erbärmlichen Ankläger bediene. Kann ich mich fassen, wenn ich mich auf eine so niedrige Weise verleumdet sehe? – Von einem Revolutionär wie ich darf man keine kalte Verteidigung erwarten. Männer meines Schlages sind in Revolutionen unschätzbar, auf ihrer Stirne schwebt das Genie der Freiheit. *(Zeichen von Beifall unter den Zuhörern.)*

Mich klagt man an, mit Mirabeau, mit Dumouriez, mit Orléans konspiriert, zu den Füßen elender Despoten gekrochen zu haben; mich fordert man auf, vor der unentrinnbaren, unbeugsamen Gerechtigkeit zu antworten. – Du elender St. Just wirst der Nachwelt für diese Lästerung verantwortlich sein!

HERMAN. Ich fordere Sie auf, mit Ruhe zu antworten; gedenken Sie Marats, er trat mit Ehrfurcht vor seine Richter.

DANTON. Sie haben die Hände an mein ganzes Leben gelegt, so mag es sich denn aufrichten und ihnen entgegentreten; unter dem Gewichte jeder meiner Handlungen werde ich sie begraben. – Ich bin nicht stolz darauf. Das Schicksal führt uns den Arm, aber nur gewaltige Naturen sind seine Organe.

Ich habe auf dem Marsfelde dem Königtume den Krieg erklärt, ich habe es am 10. August geschlagen, ich habe es am 21. Januar getötet und den Königen einen Königskopf als Fehdehandschuh hingeworfen. *(Wiederholte Zeichen von Beifall. – Er nimmt die Anklageakte.)* Wenn ich einen Blick auf diese Schandschrift werfe, fühle ich mein ganzes Wesen beben. Wer sind denn die, welche Danton nötigen mußten, sich an jenem denkwürdigen Tage (dem 10. August) zu zeigen? Wer sind denn die privilegierten Wesen, von denen er seine Energie borgte? – Meine Ankläger mögen erscheinen! Ich bin ganz bei Sinnen, wenn ich es verlange. Ich werde die platten Schurken entlarven und sie in das Nichts zurückschleudern, aus dem sie nie hätten hervorkriechen sollen.

HERMAN *(schellt).* Hören Sie die Klingel nicht?

DANTON. Die Stimme eines Menschen, welcher seine Ehre und sein Leben verteidigt, muß deine Schelle überschreien.

Ich habe im September die junge Brut der Revolution mit den zerstückten Leibern der Aristokraten geätzt. Meine Stimme hat aus dem Golde der Aristokraten und Reichen dem Volke Waffen geschmiedet. Meine Stimme war der Orkan, welcher die Satelliten des Despotismus unter Wogen von Bajonetten begrub. *(Lauter Beifall.)*

HERMAN. Danton, Ihre Stimme ist erschöpft, Sie sind zu heftig bewegt. Sie werden das nächste Mal Ihre Verteidigung beschließen, Sie haben Ruhe nötig. – Die Sitzung ist aufgehoben.

DANTON. Jetzt kennt ihr Danton – noch wenige Stunden, und er wird in den Armen des Ruhmes entschlummern.

Das Luxembourg. Ein Kerker

Dillon, Laflotte. Ein Gefangenwärter.

DILLON. Kerl, leuchte mir mit deiner Nase nicht so ins Gesicht. Hä, hä, hä!

LAFLOTTE. Halte den Mund zu, deine Mondsichel hat einen Hof.
Hä, hä, Hä!

WÄRTER. Hä, hä, hä! Glaubt Ihr, Herr, daß Ihr bei ihrem Schein
lesen könntet? *(Zeigt auf einen Zettel, den er in der Hand hält.)*

DILLON. Gib her!

WÄRTER. Herr, meine Mondsichel hat Ebbe bei mir gemacht.

LAFLOTTE. Deine Hosen sehen aus, als ob Flut wäre.

WÄRTER. Nein, sie zieht Wasser. *(Zu Dillon.)* Sie hat sich vor
Eurer Sonne verkrochen, Herr; Ihr müßt mir was geben, das
sie wieder feurig macht, wenn Ihr dabei lesen wollt.

DILLON. Da, Kerl! Pack dich! *(Er gibt ihm Geld. Wärter ab. –
Dillon liest.)* Danton hat das Tribunal erschreckt, die Geschwor-
nen schwanken, die Zuhörer murrten. Der Zudrang war außer-
ordentlich. Das Volk drängte sich um den Justizpalast und stand
bis zu den Brücken. Eine Handvoll Geld, ein Arm endlich – hm!
hm! *(Er geht auf und ab und schenkt sich von Zeit zu Zeit aus
einer Flasche ein.)* Hätt ich nur den Fuß auf der Gasse! Ich wer-
de mich nicht so schlachten lassen. Ja, nur den Fuß auf der Gas-
se!

LAFLOTTE. Und auf dem Karren, das ist eins.

DILLON. Meinst du? Da lägen noch ein paar Schritte dazwi-
schen, lang genug, um sie mit den Leichen der Dezemvirn zu
messen. – Es ist endlich Zeit, daß die rechtschaffnen Leute das
Haupt erheben.

LAFLOTTE *(für sich).* Desto besser, um so leichter ist es zu tref-
fen. Nur zu, Alter; noch einige Gläser, und ich werde flott.

DILLON. Die Schurken, die Narren, sie werden sich zuletzt
noch selbst guillotinieren. *(Er läuft auf und ab.)*

LAFLOTTE *(beiseite).* Man könnte das Leben ordentlich wieder
liebhaben, wie sein Kind, wenn man sichs selbst gegeben. Das
kommt gerade nicht oft vor, daß man so mit dem Zufall Blut-
schande treiben und sein eigner Vater werden kann. Vater und
Kind zugleich. Ein behaglicher Ödipus!

DILLON. Man füttert das Volk nicht mit Leichen; Dantons und

Camilles Weiber mögen Assignaten unter das Volk werfen, das ist besser als Köpfe.

LAFLOTTE *(beiseite)*. Ich würde mir hintennach die Augen nicht ausreißen; ich könnte sie nötig haben, um den guten General zu beweinen.

DILLON. Die Hand an Danton! Wer ist noch sicher? Die Furcht wird sie vereinigen.

LAFLOTTE *(beiseite)*. Er ist doch verloren. Was ists denn, wenn ich auf eine Leiche trete, um aus dem Grab zu klettern?

DILLON. Nur den Fuß auf der Gasse! Ich werde Leute genug finden, alte Soldaten, Girondisten, Exadlige; wir erbrechen die Gefängnisse, wir müssen uns mit den Gefangnen verständigen.

LAFLOTTE *(beiseite)*. Nun freilich, es riecht ein wenig nach Schufterei. Was tuts? Ich hätte Lust, auch das zu versuchen; ich war bisher zu einseitig. Man bekommt Gewissensbisse, das ist doch eine Abwechslung; es ist nicht so unangenehm, seinen eignen Gestank zu riechen. – Die Aussicht auf die Guillotine ist mir langweilig geworden; so lang auf die Sache zu warten! Ich habe sie im Geist schon zwanzigmal durchprobiert. Es ist auch gar nichts Pikantes mehr dran; es ist ganz gemein geworden.

DILLON. Man muß Dantons Frau ein Billett zukommen lassen.

LAFLOTTE *(beiseite)*. Und dann – ich fürchte den Tod nicht, aber den Schmerz. Es könnte weh tun, wer steht mir dafür? Man sagt zwar, es sei nur ein Augenblick; aber der Schmerz hat ein feineres Zeitmaß, er zerlegt eine Tertie. Nein! Der Schmerz ist die einzige Sünde, und das Leiden ist das einzige Laster; ich werde tugendhaft bleiben.

DILLON. Höre, Laflotte, wo ist der Kerl hingekommen? Ich habe Geld, das muß gehen. Wir müssen das Eisen schmieden; mein Plan ist fertig.

LAFLOTTE. Gleich, gleich! Ich kenne den Schließer, ich werde mit ihm sprechen. Du kannst auf mich zählen, General, wir werden aus dem Loch kommen – *(für sich im Hinausgehn.)*

um in ein anderes zu gehen: ich in das weiteste, die Welt, er in
das engste, das Grab.

Der Wohlfahrtsausschuß

St. Just, Barère, Collot d'Herbois, Billaud-Varennes.

BARÈRE. Was schreibt Fouquier?

ST. JUST. Das zweite Verhör ist vorbei. Die Gefangenen verlan-
gen das Erscheinen mehrerer Mitglieder des Konvents und des
Wohlfahrtsausschusses; sie appellierten an das Volk, wegen
Verweigerung der Zeugen. Die Bewegung der Gemüter soll
unbeschreiblich sein. – Danton parodierte den Jupiter und
schüttelte die Locken.

COLLOT. Um so leichter wird ihn Samson daran packen.

BARÈRE. Wir dürfen uns nicht zeigen, die Fischweiber und die
Lumpensammler könnten uns weniger imposant finden.

BILLAUD. Das Volk hat einen Instinkt, sich treten zu lassen, und
wäre es nur mit Blicken; dergleichen insolente Physiognomien
gefallen ihm. Solche Stirnen sind ärger als ein adliges Wappen,
der feine Aristokratismus der Menschenverachtung sitzt auf
ihnen. Es sollte sie jeder einschlagen helfen, den es verdrießt,
einen Blick von oben herunter zu erhalten.

BARÈRE. Er ist wie der hörnerne Siegfried, das Blut der Septem-
brisierten hat ihn unverwundbar gemacht. – Was sagt Ro-
bespierre?

ST. JUST. Er tut, als ob er etwas zu sagen hätte. – Die Geschwor-
nen müssen sich für hinlänglich unterrichtet erklären und die
Debatten schließen.

BARÈRE. Unmöglich, das geht nicht.

ST. JUST. Sie müssen weg, um jeden Preis, und sollten wir sie mit
den eignen Händen erwürgen. Wagt! Danton soll uns das Wort
nicht umsonst gelehrt haben. Die Revolution wird über ihre
Leichen nicht stolpern; aber bleibt Danton am Leben, so wird

er sie am Gewand fassen, und er hat etwas in seiner Gestalt, als ob er die Freiheit notzüchtigen könnte. *(St. Just wird hinausgerufen.)*

Ein Schließer tritt ein.

SCHLIESSER. In St. Pelagie liegen Gefangne am Sterben, sie verlangen einen Arzt.

BILLAUD. Das ist unnötig, so viel Mühe weniger für den Scharfrichter.

SCHLIESSER. Es sind schwangere Weiber dabei.

BILLAUD. Desto besser, da brauchen ihre Kinder keinen Sarg.

BARÈRE. Die Schwindsucht eines Aristokraten spart dem Revolutionstribunal eine Sitzung. Jede Arznei wäre contrerevolutinär.

COLLOT *(nimmt ein Papier).* Eine Bittschrift, ein Weibername!

BARÈRE. Wohl eine von denen, die gezwungen sein möchten, zwischen einem Guillotinenbrett und dem Bett eines Jakobiners zu wählen. Die wie Lukretia nach dem Verlust ihrer Ehre sterben, aber etwas später als die Römerin: im Kindbett oder am Krebs oder aus Altersschwäche. – Es mag nicht so unangenehm sein, einen Tarquinius aus der Tugendrepublik einer Jungfrau zu treiben.

COLLOT. Sie ist zu alt. Madame verlangt den Tod, sie weiß sich auszudrücken: das Gefängnis liege auf ihr wie ein Sargdeckel; sie sitzt erst seit vier Wochen. Die Antwort ist leicht. *(Er schreibt und liest:)* »Bürgerin, es ist noch nicht lange genug, daß du den Tod wünschest.« *(Schließer ab.)*

BARÈRE. Gut gesagt! Aber, Collot, es ist nicht gut, daß die Guillotine zu lachen anfängt; die Leute haben sonst keine Furcht mehr davor; man muß sich nicht so familiär machen.

St. Just kommt zurück.

ST. JUST. Eben erhalte ich eine Denunziation. Man konspiriert in den Gefängnissen; ein junger Mensch namens Laflotte hat

alles entdeckt. Er saß mit Dillon im nämlichen Zimmer, Dillon
hat getrunken und geplaudert.

BARÈRE. Er schneidet sich mit seiner Bouteille den Hals ab; das
ist schon mehr vorgekommen.

ST. JUST. Dantons und Camilles Weiber sollen Geld unter das
Volk werfen, Dillon soll ausbrechen, man will die Gefangnen
befreien, der Konvent soll gesprengt werden.

BARÈRE. Das sind Märchen.

ST. JUST. Wir werden sie aber mit dem Märchen in Schlaf erzäh-
len. Die Anzeige habe ich in Händen; dazu die Keckheit der
Angeklagten, das Murren des Volks, die Bestürzung der Ge-
schwornen – ich werde einen Bericht machen.

BARÈRE. Ja, geh, St. Just, und spinne deine Perioden, worin jedes
Komma ein Säbelhieb und jeder Punkt ein abgeschlagner
Kopf ist!

ST. JUST. Der Konvent muß dekretieren, das Tribunal solle ohne
Unterbrechung den Prozeß fortführen und dürfe jeden Ange-
klagten, welcher die dem Gerichte schuldige Achtung verletz-
te oder störende Auftritte veranlaßte, von den Debatten aus-
schließen.

BARÈRE. Du hast einen revolutionären Instinkt; das lautet ganz
gemäßigt und wird doch seine Wirkung tun. Sie können nicht
schweigen, Danton muß schreien.

ST. JUST. Ich zähle auf eure Unterstützung. Es gibt Leute im
Konvent, die ebenso krank sind wie Danton und welche die
nämliche Kur fürchten. Sie haben wieder Mut bekommen, sie
werden über Verletzung der Formen schreien …

BARÈRE *(ihn unterbrechend)*. Ich werde ihnen sagen: Zu Rom
wurde der Konsul, welcher die Verschwörung des Katilina ent-
deckte und die Verbrecher auf der Stelle mit dem Tod bestraf-
te, der verletzten Förmlichkeit angeklagt. Wer waren seine An-
kläger?

COLLOT *(mit Pathos)*. Geh, St. Just! Die Lava der Revolution
fließt. Die Freiheit wird die Schwächlinge, welche ihren mäch-

tigen Schoß befruchten wollten, in ihren Umarmungen erstik-
ken; die Majestät des Volks wird ihnen wie Jupiter der Semele
unter Donner und Blitz erscheinen und sie in Asche verwan-
deln. Geh, St. Just, wir werden dir helfen, den Donnerkeil auf
die Häupter der Feiglinge zu schleudern! *(St. Just ab.)*

BARÈRE. Hast du das Wort Kur gehört? Sie werden noch aus der
Guillotine ein Spezifikum gegen die Lustseuche machen. Sie
kämpfen nicht mit den Moderierten, sie kämpfen mit dem La-
ster.

BILLAUD. Bis jetzt geht unser Weg zusammen.

BARÈRE. Robespierre will aus der Revolution einen Hörsaal für
Moral machen und die Guillotine als Katheder gebrauchen.

BILLAUD. Oder als Betschemel.

COLLOT. Auf dem er aber alsdann nicht stehen, sondern liegen
soll.

BARÈRE. Das wird leicht gehen. Die Welt müßte auf dem Kopf
stehen, wenn die sogenannten Spitzbuben von den sogenann-
ten rechtlichen Leuten gehängt werden sollten.

COLLOT *(zu Barère)*. Wann kommst du wieder nach Clichy?

BARÈRE. Wenn der Arzt nicht mehr zu mir kommt.

COLLOT. Nicht wahr, über dem Ohr steht ein Haarstern, unter
dessen versengenden Strahlen dein Rückenmark ganz ausge-
dörrt wird?

BILLAUD. Nächstens werden die niedlichen Finger der reizenden
Demaly es ihm aus dem Futterale ziehen und es als Zöpfchen
über den Rücken hinunterhängen machen.

BARÈRE *(zuckt die Achseln)*. Pst! davon darf der Tugendhafte
nichts wissen.

BILLAUD. Er ist ein impotenter Masoret.

Billaud und Collot ab.

BARÈRE *(allein)*. Die Ungeheuer! – »Es ist noch nicht lange ge-
nug, daß du den Tod wünschest!« Diese Worte hätten die Zun-
ge müssen verdorren machen, die sie gesprochen.

Und ich? – Als die Septembriseurs in die Gefängnisse drangen, faßt ein Gefangner sein Messer, er drängt sich unter die Mörder, er stößt es in die Brust eines Priesters, er ist gerettet! Wer kann was dawider haben? Ob ich mich nun unter die Mörder dränge oder mich in den Wohlfahrtsausschuß setze, ob ich ein Guillotinen- oder ein Taschenmesser nehme? Es ist der nämliche Fall, nur mit etwas verwickelteren Umständen; die Grundverhältnisse sind sich gleich. – Und durft er einen morden: durft er auch zwei, auch drei, auch noch mehr? wo hört das auf? Da kommen die Gerstenkörner! Machen zwei einen Haufen, drei, vier, wieviel dann? Komm, mein Gewissen, mein Hühnchen, komm bi, bi, bi, da ist Futter!

Doch – war ich auch Gefangner? Verdächtig war ich, das läuft auf eins hinaus; der Tod war mir gewiß. *(Ab.)*

Die Conciergerie

Lacroix, Danton, Philippeau, Camille.

LACROIX. Du hat gut geschrien, Danton; hättest du dich etwas früher so um dein Leben gequält, es wäre jetzt anders. Nicht wahr, wenn der Tod einem so unverschämt nahe kommt und so aus dem Hals stinkt und immer zudringlicher wird?

CAMILLE. Wenn er einen noch notzüchtigte und seinen Raub unter Ringen und Kampf aus den heißen Gliedern riß! Aber so in allen Formalitäten wie bei der Hochzeit mit einem alten Weibe, wie die Pakten aufgesetzt, wie die Zeugen gerufen, wie das Amen gesagt und wie dann die Bettdecke gehoben wird und es langsam hereinkriecht mit seinen kalten Gliedern!

DANTON. Wär es ein Kampf, daß die Arme und Zähne einander packten! Aber es ist mir, als wäre ich in ein Mühlwerk gefallen, und die Glieder würden mir langsam systematisch von der kalten physischen Gewalt abgedreht. So mechanisch getötet zu werden!

CAMILLE. Und dann daliegen allein, kalt, steif in dem feuchten Dunst der Fäulnis – vielleicht, daß einem der Tod das Leben langsam aus den Fibern martert – mit Bewußtsein vielleicht sich wegzufaulen!

PHILIPPEAU. Seid ruhig, meine Freunde! Wir sind wie die Herbstzeitlose, welche erst nach dem Winter Samen trägt. Von Blumen, die versetzt werden, unterscheiden wir uns nur dadurch, daß wir über dem Versuch ein wenig stinken. Ist das so arg?

DANTON. Eine erbauliche Aussicht! Von einem Misthaufen auf den andern! Nicht wahr, die göttliche Klassentheorie? Von Prima nach Sekunda, von Sekunda nach Tertia und so weiter? Ich habe die Schulbänke satt, ich habe mir Gesäßschwielen wie ein Affe darauf gesessen.

PHILIPPEAU. Was willst du denn?

DANTON. Ruhe.

PHILIPPEAU. Die ist in Gott.

DANTON. Im Nichts. Versenke dich in was Ruhiges als das Nichts, und wenn die höchste Ruhe Gott ist, ist nicht das Nichts Gott? Aber ich bin ein Atheist. Der verfluchte Satz: Etwas kann nicht zu nichts werden! Und ich bin etwas, das ist der Jammer! – Die Schöpfung hat sich so breit gemacht, da ist nichts leer, alles voll Gewimmels. Das Nichts hat sich ermordet, die Schöpfung ist seine Wunde, wir sind seine Blutstropfen, die Welt ist das Grab, worin es fault. – Das lautet verrückt, es ist aber doch was Wahres daran.

CAMILLE. Die Welt ist der ewige Jude, das Nichts ist der Tod, aber es ist unmöglich. O, nicht sterben können, nicht sterben können! wie es im Lied heißt.

DANTON. Wir sind alle lebendig begraben und wie Könige in drei- oder vierfachen Särgen beigesetzt, unter dem Himmel, in unsern Häusern, in unsern Röcken und Hemden. – Wir kratzen fünfzig Jahre lang am Sargdeckel. Ja, wer an Vernichtung glauben könnte! dem wäre geholfen. – Da ist keine Hoffnung im Tod; er ist nur eine einfachere, das Leben eine verwickelte-

re, organisierte Fäulnis, das ist der ganze Unterschied! – Aber
ich bin gerad einmal an diese Art des Faulens gewöhnt; der
Teufel weiß, wie ich mit einer andern zurechtkomme.
O Julie! Wenn ich allein ginge! Wenn sie mich einsam ließe! –
Und wenn ich ganz zerfiele, mich ganz auflöste: ich wäre eine
Handvoll gemarterten Staubes, jedes meiner Atome könnte
nur Ruhe finden bei ihr. – Ich kann nicht sterben, nein, ich
kann nicht sterben. Wir müssen schreien; sie müssen mir jeden
Lebenstropfen aus den Gliedern reißen.

Ein Zimmer

Fouquier. Amar. Vouland.

FOUQUIER. Ich weiß nicht mehr, was ich antworten soll; sie for-
dern eine Kommission.
AMAR. Wir haben die Schurken: da hast du, was du verlangst. *(Er
überreicht Fouquier eine Papier.)*
VOULAN. Das wird sie zufriedenstellen.
FOUQUIER. Wahrhaftig, das hatten wir nötig.
AMAR. Nun mache, daß wir und sie die Sache vom Hals bekom-
men.

Das Revolutionstribunal

DANTON. Die Republik ist in Gefahr, und er hat keine Instruk-
tion! Wir appellieren an das Volk; meine Stimme ist noch stark
genug, um den Dezemvirn die Leichenrede zu halten. – Ich wie-
derhole es, wir verlangen eine Kommission; wir haben wichtige
Entdeckungen zu machen. Ich werde mich in die Zitadelle der
Vernunft zurückziehen, ich werde mit der Kanone der Wahr-
heit hervorbrechen und meine Feinde zermalmen. *(Zeichen des
Beifalls.)*

Fouquier, Amar und Vouland treten ein.

FOUQUIER. Ruhe im Namen der Republik, Achtung dem Gesetz! Der Konvent beschließt: In Betracht, daß in den Gefängnissen sich Spuren von Meutereien zeigen, in Betracht, daß Dantons und Camilles Weiber Geld unter das Volk werfen und daß der General Dillon ausbrechen und sich an die Spitze der Empörer stellen soll, um die Angeklagten zu befreien, in Betracht endlich, daß diese selbst unruhige Auftritte herbeizuführen sich bemüht und das Tribunal zu beleidigen versucht haben, wird das Tribunal ermächtigt, die Untersuchung ohne Unterbrechung fortzusetzen und jeden Angeklagten, der die dem Gesetze schuldige Ehrfurcht außer Augen setzen sollte, von den Debatten auszuschließen.

DANTON. Ich frage die Anwesenden, ob wir dem Tribunal, dem Volke oder dem Nationalkonvent Hohn gesprochen haben?

VIELE STIMMEN. Nein! Nein!

CAMILLE. Die Elenden, sie wollen meine Lucile morden!

DANTON. Eines Tages wird man die Wahrheit erkennen. Ich sehe großes Unglück über Frankreich hereinbrechen. Das ist die Diktatur; sie hat ihren Schleier zerrissen, sie trägt die Stirne hoch, sie schreitet über unsere Leichen. *(Auf Amar und Vouland deutend.)* Seht da die feigen Mörder, seht da die Raben des Wohlfahrtsausschusses!

Ich klage Robespierre, St. Just und ihre Henker des Hochverrats an. – Sie wollen die Republik im Blut ersticken. Die Gleise der Guillotinenkarren sind die Heerstraßen, auf welchen die Fremden in das Herz des Vaterlandes dringen sollen.

Wie lange sollen die Fußstapfen der Freiheit Gräber sein? – Ihr wollt Brot, und sie werfen euch Köpfe hin! Ihr durstet, und sie machen euch das Blut von den Stufen der Guillotine lecken! *(Hefte Bewegung unter den Zuhörern. Geschrei des Beifalls.)*

VIELE STIMMEN. Es lebe Danton, nieder mit den Dezemvirn!

(Die Gefangenen werden mit Gewalt hinausgeführt.)

Platz vor dem Justizpalast

Ein Volkshaufe.

EINIGE STIMMEN. Nieder mit den Dezemvirn! Es lebe Danton!

ERSTER BÜRGER. Ja, das ist wahr, Köpfe statt Brot, Blut statt Wein!

EINIGE WEIBER. Die Guillotine ist eine schlechte Mühle und Samson ein schlechter Bäckerknecht; wir wollen Brot, Brot!

ZWEITER BÜRGER. Euer Brot, das hat Danton gefressen. Sein Kopf wird euch allen wieder Brot geben, er hatte recht.

ERSTER BÜRGER. Danton war unter uns am 10. August, Danton war unter uns im September. Wo waren die Leute, welche ihn angeklagt haben?

ZWEITER BÜRGER. Und Lafayette war mit euch in Versailles und war doch ein Verräter.

ERSTER BÜRGER. Wer sagt, daß Danton ein Verräter sei?

ZWEITER BÜRGER. Robespierre.

ERSTER BÜRGER. Und Robespierre ist ein Verräter!

ZWEITER BÜRGER. Wer sagt das?

ERSTER BÜRGER. Danton.

ZWEITER BÜRGER. Danton hat schöne Kleider, Danton hat ein schönes Haus, Danton hat eine schöne Frau, er badet sich in Burgunder, ißt das Wildbret von silbernen Tellern und schläft bei euren Weibern und Töchtern, wenn er betrunken ist. – Danton war arm wie ihr. Woher hat er das alles? Das Veto hat es ihm gekauft, damit er ihm die Krone rette. Der Herzog von Orléans hat es ihm geschenkt, damit er ihm die Krone stehle. Der Fremde hat es ihm gegeben, damit er euch alle verrate. – Was hat Robespierre? Der tugendhafte Robespierre! Ihr kennt ihn alle.

ALLE. Es lebe Robespierre! Nieder mit Danton! Nieder mit dem Verräter.

Vierter Akt

Ein Zimmer

Julie. Ein Knabe.

JULIE. Es ist aus. Sie zitterten vor ihm. Sie töten ihn aus Furcht. Geh! ich habe ihn zum letzten Mal gesehen; sag ihm, ich könne ihn nicht so sehen. *(Sie gibt ihm eine Locke.)* Da, bring ihm das und sag ihm, er würde nicht allein gehn – er versteht mich schon. Und dann schnell zurück, ich will seine Blicke aus deinen Augen lesen.

Eine Straße

Dumas. Ein Bürger.

BÜRGER. Wie kann man nach einem solchen Verhör soviel Unschuldige zum Tod verurteilen?

DUMAS. Das ist in der Tat außerordentlich; aber die Revolutionsmänner haben einen Sinn, den andern Menschen fehlt, und dieser Sinn trügt sie nie.

BÜRGER. Das ist der Sinn des Tigers. – Du hast ein Weib.

DUMAS. Ich werde bald eins gehabt haben.

BÜRGER. So ist es denn wahr?

DUMAS. Das Revolutionstribunal wird unsere Ehescheidung aussprechen; die Guillotine wird uns von Tisch und Bett trennen.

BÜRGER. Du bist ein Ungeheuer!

DUMAS. Schwachkopf! Du bewunderst Brutus?

BÜRGER. Von ganzer Seele.

DUMAS. Muß man denn gerade römischer Konsul sein und sein Haupt mit der Toga verhüllen können, um sein Liebstes dem Vaterlande zu opfern? Ich werde mir die Augen mit dem Ärmel meines roten Fracks abwischen; das ist der ganze Unterschied.

BÜRGER. Das ist entsetzlich!

DUMAS. Geh, du begreifst mich nicht! *(Sie gehen ab.)*

Die Conciergerie

Lacroix, Hèrault auf einem Bett, Danton, Camille auf einem andern.

LACROIX. Die Haare wachsen einem so und die Nägel, man muß sich wirklich schämen.

HÉRAULT. Nehmen Sie sich ein wenig in acht, Sie niesen mir das ganze Gesicht voll Sand!

LACROIX. Und treten Sie mir nicht so auf die Füße, Bester, ich habe Hühneraugen!

HÉRAULT. Sie leiden noch an Ungeziefer.

LACROIX. Ach, wenn ich nur einmal die Würmer ganz los wäre!

HÉRAULT. Nun, schlafen Sie wohl! wir müssen sehen, wie wir miteinander zurechtkommen, wir haben wenig Raum. – Kratzen Sie mich nicht mit Ihren Nägeln im Schlaf! – Zerren Sie nicht so am Leichtuch, es ist kalt da unten! –

DANTON. Ja, Camille, morgen sind wir durchgelaufne Schuhe, die man der Bettlerin Erde in den Schoß wirft.

CAMILLE. Das Rindsleder, woraus nach Platon die Engel sich Pantoffel geschnitten und damit auf der Erde herumtappen. Es geht aber auch danach. – Meine Lucile!

DANTON. Sei ruhig, mein Junge!

CAMILLE. Kann ichs? Glaubst du, Danton? Kann ichs? Sie können die Hände nicht an sie legen! Das Licht der Schönheit, das von ihrem süßen Leib sich ausgießt, ist unlöschbar. Sieh, die Erde würde nicht wagen, sie zu verschütten; sie würde sich um sie wölben, der Grabdunst würde wie Tau an ihren Wimpern funkeln, Kristalle würden wie Blumen um ihre Glieder sprießen und helle Quellen in Schlaf sie murmeln.

DANTON. Schlafe, mein Junge, schlafe!

CAMILLE. Höre, Danton, unter uns gesagt, es ist so elend, sterben müssen. Es hilft auch zu nichts. Ich will dem Leben noch die letzten Blicke aus seinen hübschen Augen stehlen, ich will die Augen offen haben.

DANTON. Du wirst sie ohnehin offen behalten, Samson drückt einem die Augen nicht zu. Der Schlaf ist barmherziger. Schlafe, mein Junge, schlafe!

CAMILLE. Lucile, deine Küsse phantasieren auf meine Lippen; jeder Kuß wird ein Traum, meine Augen sinken und schließen ihn fest ein. –

DANTON. Will denn die Uhr nicht ruhen? Mit jedem Picken schiebt sie die Wände enger um mich, bis sie so eng sind wie ein Sarg. – Ich las einmal als Kind so 'ne Geschichte, die Haare standen mir zu Berg.

Ja, als Kind! Das war der Mühe wert, mich so groß zu füttern und mich warm zu halten. Bloß Arbeit für den Totengräber!

Es ist mir, als röch ich schon. Mein lieber Leib, ich will mir die Nase zuhalten und mir einbilden, du seist ein Frauenzimmer, was vom Tanzen schwitzt und stinkt, und dir Artigkeiten sagen. Wir haben uns sonst schon mehr miteinander die Zeit vertrieben.

Morgen bist du eine zerbrochne Fiedel; die Melodie darauf ist ausgespielt. Morgen bist du eine leere Bouteille; der Wein ist ausgetrunken, aber ich habe keinen Rausch davon und gehe nüchtern zu Bett – das sind glückliche Leute, die sich noch besaufen können. Morgen bist du eine durchgerutschte Hose; du wirst in die Garderobe geworfen, und die Motten werden dich fressen, du magst stinken, wie du willst.

Ach, das hilft nichts! Jawohl ists so elend, sterben müssen. Der Tod äfft die Geburt; beim Sterben sind wir so hilflos und nackt wie neugeborne Kinder. Freilich, wir bekommen das Leichentuch zur Windel. Was wird es helfen? Wir können im Grab so gut wimmern wie in der Wiege.

Camille! Er schläft *(indem er sich über ihn bückt);* ein Traum spielt zwischen seinen Wimpern. Ich will den goldnen Tau des Schlafes ihm nicht von den Augen streifen.

(Er erhebt sich und tritt ans Fenster.) Ich werde nicht allein gehn: ich danke dir, Julie! Doch hätte ich anders sterben mögen, so ganz mühelos, so wie ein Stern fällt, wie ein Ton sich selbst aushaucht, sich mit den eigenen Lippen totküßt, wie ein Lichtstrahl in klaren Fluten sich begräbt. –

Wie schimmernde Tränen sind die Sterne durch die Nacht gesprengt; es muß ein großer Jammer in dem Aug sein, von dem sie abträufelten.

CAMILLE. O! *(Er hat sich aufgerichtet und tastet nach der Decke.)*

DANTON. Was hast du, Camille?

Camille. O, o!

DANTON *(schüttelt ihn)*. Willst du die Decke herunterkratzen?

CAMILLE. Ach du, du – o halt mich! sprich, du!

DANTON. Du bebst an allen Gliedern, der Schweiß steht dir auf der Stirne.

CAMILLE. Das bist du, das ich – so! Das ist meine Hand! Ja, jetzt besinn ich mich. O Danton, das war entsetzlich!

DANTON. Was denn?

CAMILLE. Ich lag so zwischen Traum und Wachen. Da schwand die Decke, und der Mond sank herein, ganz nahe, ganz dicht, mein Arm erfaßt' ihn. Die Himmelsdecke mit ihren Lichtern hatte sich gesenkt, ich stieß daran, ich betastete die Sterne, ich taumelte wie ein Ertrinkender unter der Eisdecke. Das war entsetzlich, Danton!

DANTON. Die Lampe wirft einen runden Schein an die Decke, das sahst du.

CAMILLE. Meinetwegen, es braucht grade nicht viel, um einem das bißchen Verstand verlieren zu machen. Der Wahnsinn faßte mich bei den Haaren. *(Er erhebt sich.)* Ich mag nicht mehr schlafen, ich mag nicht verrückt werden. *(Er greift nach einem Buch.)*

DANTON. Was nimmst du?

CAMILLE. Die Nachtgedanken.

DANTON. Willst du zum voraus sterben? Ich nehme die Pucelle. Ich will mich aus dem Leben nicht wie aus dem Betstuhl, sondern wie aus dem Bett einer Barmherzigen Schwester wegschleichen. Es ist eine Hure; es treibt mit der ganzen Welt Unzucht.

Platz vor der Conciergerie

Ein Schließer, zwei Fuhrleute mit Karren, Weiber.

SCHLIESSER. Wer hat euch herfahren geheißen?

ERSTER FUHRMANN. Ich heiße nicht Herfahren, das ist ein kurioser Namen.

SCHLIESSER. Dummkopf, wer hat dir die Bestallung dazu gegeben?

ERSTER FUHRMANN. Ich habe keine Stallung dazu kriegt, nichts als zehn Sous für den Kopf.

ZWEITER FUHRMANN. Der Schuft will mich ums Brot bringen.

ERSTER FUHRMANN. Was nennst du dein Brot? *(Auf die Fenster der Gefangnen deutend.)* Das ist Wurmfraß.

ZWEITER FUHRMANN. Meine Kinder sind auch Würmer, und die wollen auch ihr Teil davon. O, es geht schlecht mit unsrem Metier, und doch sind wir die besten Fuhrleute.

ERSTER FUHRMANN. Wie das?

ZWEITER FUHRMANN. Wer ist der beste Fuhrmann?

ERSTER FUHRMANN. Der am weitesten und am schnellsten fährt.

ZWEITER FUHRMANN. Nun, Esel, wer fährt weiter, als der aus der Welt fährt, und wer fährt schneller, als ders in einer Viertelstunde tut? Genau gemessen ists eine Viertelstunde von da bis zum Revolutionsplatz.

SCHLIESSER. Rasch, ihr Schlingel! Näher ans Tor; Platz da, ihr Mädel!

ERSTER FUHRMANN. Halt't Euren Platz vor! Um ein Mädel fährt man nit herum, immer in die Mitt 'nein.

ZWEITER FUHRMANN. Ja, das glaub ich: du kannst mit Karren und Gäulen hinein, du findst gute Gleise; aber du mußt Quarantäne halten, wenn du herauskommst. *(Sie fahren vor.)*

ZWEITER FUHRMANN *(zu den Weibern).* Was gafft ihr?

EIN WEIB. Wir warten auf alte Kunden.

ZWEITER FUHRMANN. Meint ihr, mein Karren wär ein Bordell? Er ist ein anständiger Karren, er hat den König und alle vornehmen Herren aus Paris zur Tafel gefahren.

LUCILE *(tritt auf. Sie setzt sich auf einen Stein unter die Fenster der Gefangnen).* Camille, Camille! *(Camille erscheint am Fenster.)* Höre, Camille, du machst mich lachen mit dem langen Steinrock und der eisernen Maske vor dem Gesicht; kannst du dich nicht bücken? Wo sind deine Arme? – ich will dich locken, lieber Vogel. *(Singt.)*

> Es stehn zwei Sternlein an dem Himmel,
> Scheinen heller als der Mond,
> Der ein' scheint vor Feinsliebchens Fenster,
> Der andre vor die Kammertür.

Komm, komm, mein Freund! Leise die Treppe herauf, sie schlafen alle. Der Mond hilft mir schon lange warten. Aber du kannst ja nicht zum Tor herein, das ist eine unleidliche Tracht. Das ist zu arg für den Spaß, mach ein Ende! Du rührst dich auch gar nicht, warum sprichst du nicht? Du machst mir Angst.

Höre! die Leute sagen, du müßtest sterben, und machen dazu so ernsthafte Gesichter. Sterben! ich muß lachen über diese Gesichter. Sterben! Was ist das für ein Wort? Sag mirs, Camille. Sterben! Ich will nachdenken. Da, da ists. Ich will ihm nachlaufen; komm süßer Freund, hilf mir fangen, komm! komm! *(Sie läuft weg.)*

CAMILLE *(ruft).* Lucile! Lucile!

Die Conciergerie

Danton an einem Fenster, was in das nächste Zimmer geht. Camille, Philippeau, Lacroix, Hérault.

DANTON. Du bist jetzt ruhig, Fabre.

EINE STIMME *(von innen).* Am Sterben.

DANTON. Weißt du auch, was wir jetzt machen werden?

DIE STIMME. Nun?

DANTON. Was du dein ganzes Leben hindurch gemacht hast – des vers.

CAMILLE *(für sich).* Der Wahnsinn saß hinter ihren Augen. Es sind schon mehr Leute wahnsinnig geworden, das ist der Lauf der Welt. Was können wir dazu? Wir waschen unsere Hände –. Es ist auch besser so.

DANTON. Ich lasse alles in einer schrecklichen Verwirrung. Keiner versteht das Regieren. Es könnte vielleicht noch gehn, wenn ich Robespierre meine Huren und Couthon meine Waden hinterließe.

LACROIX. Wir hätten die Freiheit zur Hure gemacht!

DANTON. Was wäre es auch! Die Freiheit und eine Hure sind die kosmopolitischsten Dinge unter der Sonne. Sie wird sich jetzt anständig im Ehebett des Advokaten von Arras prostituieren. Aber ich denke, sie wird die Klytämnestra gegen ihn spielen; ich lasse ihm keine sechs Monate Frist, ich ziehe ihn mit mir.

CAMILLE *(für sich).* Der Himmel verhelf ihr zu einer behaglichen fixen Idee. Die allgemeinen fixen Ideen, welche man die gesunde Vernunft tauft, sind unerträglich langweilig. Der glücklichste Mensch war der, welcher sich einbilden konnte, daß er Gott Vater, Sohn und Heiliger Geist sei.

LACROIX. Die Esel werden schreien: »Es lebe die Republik«, wenn wir vorbeigehen.

DANTON. Was liegt daran? Die Sündflut der Revolution mag unsere Leichen absetzen, wo sie will; mit unsern fossilen Knochen

wird man noch immer allen Königen die Schädel einschlagen
können.

HÉRAULT. Ja, wenn sich gerade ein Simson für unsere Kinnbak-
ken findet.

DANTON. Sie sind Kainsbrüder.

LACROIX. Nichts beweist mehr, daß Robespierre ein Nero ist,
als der Umstand, daß er gegen Camille nie freundlicher war als
zwei Tage vor dessen Verhaftung. Ist es nicht so, Camille?

CAMILLE. Meinetwegen, was geht das mich an? – *(Für sich.)* Was
sie an dem Wahnsinn ein reizendes Kind geboren hat! Warum
muß ich jetzt fort? Wir hätten zusammen mit ihm gelacht, es
gewiegt und geküßt.

DANTON. Wenn einmal die Geschichte ihre Grüfte öffnet, kann
der Despotismus noch immer an dem Duft unsrer Leichen er-
sticken.

HÉRAULT. Wir stanken bei Lebzeiten schon hinlänglich. – Das
sind Phrasen für die Nachwelt, nicht wahr, Danton; uns gehn
sie eigentlich nichts an.

CAMILLE. Er zieht ein Gesicht, als solle es versteinern und von
der Nachwelt als Antike ausgegraben werden.

Das verlohnt sich auch der Mühe, Mäulchen zu machen und
Rot aufzulegen und mit einem guten Akzent zu sprechen; wir
sollten einmal die Masken abnehmen, wir sähen dann, wie in ei-
nem Zimmer mit Spiegeln, überall nur den einen uralten, zahl-
losen, unverwüstlichen Schafskopf, nichts mehr, nicht weniger.
Die Unterschiede sind so groß nicht, wir alle sind Schurken
und Engel, Dummköpfe und Genies, und zwar das alles in ei-
nem: die vier Dinge finden Platz genug in dem nämlichen Kör-
per, sie sind nicht so breit, als man sich einbildet. Schlafen, Ver-
dauen, Kinder machen – das treiben alle; die übrigen Dinge
sind nur Variationen aus verschiedenen Tonarten über das
nämliche Thema. Da braucht man sich auf die Zehen zu stellen
und Gesichter zu schneiden, da braucht man sich voreinander
zu genieren! Wir haben uns alle am nämlichen Tische krank ge-

gessen und haben Leibgrimmen; was haltet ihr euch die Serviet-
ten vor das Gesicht? Schreit nur und greint, wie es euch an-
kommt! Schneidet nur keine so tugendhafte und so witzige und
so heroische und so geniale Grimassen, wir kennen uns ja ein-
ander, spart euch die Mühe!

HÉRAULT. Ja, Camille, wir wollen uns beieinandersetzen und
schreien, nichts dummer, als die Lippen zusammenzupressen,
wenn einem was weh tut. – Griechen und Götter schrien, Rö-
mer und Stoiker machten die heroische Fratze.

DANTON. Die einen waren so gut Epikureer wie die andern. Sie
machten sich ein ganz behagliches Selbstgefühl zurecht. Es ist
nicht so übel, seine Toga zu drapieren und sich umzusehen, ob
man einen langen Schatten wirft. Was sollen wir uns zerren?
Ob wir uns nun Lorbeerblätter, Rosenkränze oder Weinlaub
vor die Scham binden oder das häßliche Ding offen tragen und
es uns von den Hunden lecken lassen?

PHILIPPEAU. Meine Freunde, man braucht gerade nicht hoch
über der Erde zu stehen, um von all dem wirren Schwanken
und Flimmern nichts mehr zu sehen und die Augen von einigen
großen, göttlichen Linien erfüllt zu haben. Es gibt ein Ohr, für
welches das Ineinanderschreien und der Zeter, die uns betäu-
ben, ein Strom von Harmonien sind.

DANTON. Aber wir sind die armen Musikanten und unsere Kör-
per die Instrumente. Sind denn die häßlichen Töne, welche auf
ihnen herausgepfuscht werden, nur da, um höher und höher
dringend und endlich leise verhallend wie ein wollüstiger
Hauch in himmlischen Ohren zu sterben?

HÉRAULT. Sind wir wie Ferkel, die man für fürstliche Tafeln mit
Ruten totpeitscht, damit ihr Fleisch schmackhafter werde?

DANTON. Sind wir Kinder, die in den glühenden Molocharmen
dieser Welt gebraten und mit Lichtstrahlen gekitzelt werden,
damit die Götter sich über ihr Lachen freuen?

CAMILLE. Ist denn der Äther mit seinen Goldaugen eine Schüs-
sel mit Goldkarpfen, die am Tisch der seligen Götter steht, und

die seligen Götter lachen ewig, und die Fische sterben ewig, und die Götter erfreuen sich ewig am Farbenspiel des Todeskampfes?

DANTON. Die Welt ist das Chaos. Das Nichts ist der zu gebärende Weltgott.

Der Schließer tritt ein.

SCHLIESSER. Meine Herren, Sie können abfahren, die Wagen halten vor der Tür.

PHILIPPEAU. Gute Nacht, meine Freunde! Legen wir ruhig die große Decke über uns, worunter alle Herzen ausschlagen und alle Augen zufallen. *(Sie umarmen einander.)*

HÉRAULT *(nimmt Camilles Arm).* Freue dich, Camille, wir bekommen eine schöne Nacht. Die Wolken hängen am stillen Abendhimmel wie ein ausglühender Olymp mit verbleichenden, versinkenden Göttergestalten. *(Sie gehen ab.)*

Ein Zimmer

JULIE. Das Volk lief in den Gassen, jetzt ist alles still.
Keinen Augenblick möchte ich ihn warten lassen. Sie zieht eine Phiole hervor. Komm, liebster Priester, dessen Amen uns zu Bette gehn macht. *(Sie tritt ans Fenster.)* Es ist so hübsch, Abschied zu nehmen; ich habe die Türe nur noch hinter mir zuzuziehen. *(Sie trinkt.)*
Man möchte immer so stehen. – Die Sonne ist hinunter; der Erde Züge waren so scharf in ihrem Licht, doch jetzt ist ihr Gesicht so still und ernst wie einer Sterbenden. – Wie schön das Abendlicht ihr um Stirn und Wangen spielt. – Stets bleicher und bleicher wird sie, wie eine Leiche treibt sie abwärts in der Flut des Äthers. Will denn kein Arm sie bei den goldnen Locken fassen und aus dem Strom sie ziehen und sie begraben?

Ich gehe leise. Ich küsse sie nicht, daß kein Hauch, kein Seufzer sie aus dem Schlummer wecke. – Schlafe, schlafe! *(Sie stirbt.)*

Der Revolutionsplatz

Die Wagen kommen angefahren und halten vor der Guillotine. Männer und Weiber singen und tanzen die Carmagnole. Die Gefangnen stimmen die Marseillaise an.

EIN WEIB *(mit Kindern)*. Platz! Platz! Die Kinder schreien, sie haben Hunger. Ich muß sie zusehen machen, daß sie still sind. Platz!

EIN WEIB. He, Danton, du kannst jetzt mit den Würmern Unzucht treiben.

EINE ANDERE. Hérault, aus deinen hübschen Haaren laß ich mir eine Perücke machen.

HÉRAULT. Ich habe nicht Waldung genug für einen so abgeholzten Venusberg.

CAMILLE. Verfluchte Hexen! Ihr werdet noch schreien: »Ihr Berge, fallet auf uns!«

EIN WEIB. Der Berg ist auf euch, oder ihr seid ihn vielmehr hinuntergefallen.

DANTON *(zu Camille)*. Ruhig, mein Junge! Du hast dich heiser geschrien.

CAMILLE *(gibt dem Fuhrmann Geld)*. Da, alter Charon, dein Karren ist ein guter Präsentierteller! – Meine Herren, ich will mich zuerst servieren. Das ist ein klassisches Gastmahl; wir liegen auf unsern Plätzen und verschütten etwas Blut als Libation. Adieu, Danton! *(Er besteigt das Blutgerüst, die Gefangenen folgen ihm, einer nach dem andern. Danton steigt zuletzt hinauf.)*

LACROIX *(zu dem Volk)*. Ihr tötet uns an dem Tage, wo ihr den Verstand verloren habt; ihr werdet sie an dem töten, wo ihr ihn wiederbekommt.

EINIGE STIMMEN. Das war schon einmal da; wie langweilig!

LACROIX. Die Tyrannen werden über unsern Gräbern den Hals brechen.

HÉRAULT *(zu Danton).* Er hält seine Leiche für ein Mistbeet der Freiheit.

PHILIPPEAU *(auf dem Schafott).* Ich vergebe euch; ich wünsche eure Todesstunde sei nicht bittrer als die meinige.

HÉRAULT. Dacht ichs doch! er muß sich noch einmal in den Busen greifen und den Leuten da unten zeigen, daß er reine Wäsche hat.

FABRE. Lebe wohl, Danton! Ich sterbe doppelt.

DANTON. Adieu, mein Freund! Die Guillotine ist der beste Arzt.

HÉRAULT *(will Danton umarmen).* Ach, Danton, ich bringe nicht einmal einen Spaß mehr heraus. Da ists Zeit. *(Ein Henker stößt ihn zurück.)*

DANTON *(zum Henker).* Willst du grausamer sein als der Tod? Kannst du verhindern, daß unsere Köpfe sich auf dem Boden des Korbes küssen?

Eine Straße

LUCILE. Es ist doch was wie Ernst darin. Ich will einmal nachdenken. Ich fange an, so was zu begreifen.

Sterben – Sterben –! – Es darf ja alles leben, alles, die kleine Mücke da, der Vogel. Warum denn er nicht? Der Strom des Lebens müßte stocken, wenn nur der eine Tropfen verschüttet würde. Die Erde müßte eine Wunde bekommen von dem Streich.

Es regt sich alles, die Uhren gehen, die Glocken schlagen, die Leute laufen, das Wasser rinnt, und so alles weiter bis da, dahin – nein, es darf nicht geschehen, nein, ich will mich auf den Boden setzen und schreien, daß erschrocken alles stehn bleibt, alles stockt, sich nichts mehr regt. *(Sie setzt sich nieder, verhüllt sich die Augen und stößt einen Schrei aus. Nach einer Pause er-*

hebt sie sich.) Das hilft nichts, da ist noch alles wie sonst: die Häuser, die Gasse, der Wind geht, die Wolken ziehen. – Wir müssens wohl leiden.

Einige Weiber kommen die Gasse herunter.

ERSTES WEIB. Ein hübscher Mann, der Hérault!
ZWEITES WEIB. Wie er beim Konstitutionsfest so am Triumphbogen stand, da dacht ich so, der muß sich gut auf der Guillotine ausnehmen, dacht ich. Das war so 'ne Ahnung.
DRITTES WEIB. Ja, man muß die Leute in allen Verhältnissen sehen, es ist recht gut, daß das Sterben so öffentlich wird. *(Sie gehen vorbei.)*
LUCILE. Mein Camille! Wo soll ich dich jetzt suchen?

Der Revolutionsplatz

Zwei Henker, an der Guillotine beschäftigt.

ERSTER HENKER *(steht auf der Guillotine und singt).*
    Und wann ich hame geh,
    Scheint der Mond so scheh …
ZWEITER HENKER. He, holla! Bist bald fertig?
ERSTER HENKER. Gleich, gleich! *(Singt.)*
    Scheint in meines Ellervaters Fenster –
    Kerl, wo bleibst so lang bei de Menscher?
So! die Jacke her! *(Sie gehn singend ab.)*
    Und wann ich hame geh,
    Scheint der Mond so scheh …
LUCILE *(tritt auf und setzt sich auf die Stufen der Guillotine).* Ich setze mich auf deinen Schoß, du stiller Todesengel. *(Sie singt.)*
    Es ist ein Schnitter, der heißt Tod,
    Hat Gewalt vom höchsten Gott.
Du liebe Wiege, die du meinen Camille in Schlaf gelullt, ihn unter deinen Rosen erstickt hast. Du Totenglocke, die du ihn mit deiner süßen Zunge zu Grabe sangst. *(Sie singt.)*

Viel Hunderttausend ungezählt,
Was nur unter die Sichel fällt.

Eine Patrouille tritt auf.

EIN BÜRGER. He, wer da?
LUCILE *(sinnend und wie einen Entschluß fassend, plötzlich).* Es
lebe der König!
BÜRGER. Im Namen der Republik! *(Sie wird von der Wache um-
ringt und weggeführt.)*

Lenz

(Fragment)

Den 20. Jänner ging Lenz durchs Gebirg. Die Gipfel und hohen Bergflächen im Schnee, die Täler hinunter graues Gestein, grüne Flächen, Felsen und Tannen.

Es war naßkalt; das Wasser rieselte die Felsen hinunter und sprang über den Weg. Die Äste der Tannen hingen schwer herab in die feuchte Luft. Am Himmel zogen grauen Wolken, aber alles so dicht – und dann dampfte der Nebel herauf und strich schwer und feucht durch das Gesträuch, so träg, so plump.

Er ging gleichgültig weiter, es lag ihm nichts am Weg, bald auf-, bald abwärts. Müdigkeit spürte er keine, nur war es ihm manchmal unangenehm, daß er nicht auf dem Kopf gehn konnte.

Anfangs drängte es ihm in der Brust, wenn das Gestein so wegsprang, der graue Wald sich unter ihm schüttelte und der Nebel die Formen bald verschlang, bald die gewaltigen Glieder halb enthüllte; es drängte in ihm, er suchte nach etwas, wie nach verlornen Träumen, aber er fand nichts. Es war ihm alles so klein, so nahe, so naß; er hätte die Erde hinter den Ofen setzen mögen. Er begriff nicht, daß er so viel Zeit brauchte, um einen Abhang hinunter zu klimmen, einen fernen Punkt zu erreichen; er meinte, er müsse alles mit ein paar Schritten ausmessen können. Nur manchmal, wenn der Sturm das Gewölk in die Täler warf und es den Wald herauf dampfte, und die Stimmen an den Felsen wach wurden, bald wie fern verhallende Donner und dann gewaltig heranbrausten, in Tönen, als wollten sie in ihrem wilden Jubel die Erde besingen, und die Wolken wie wilde wiehernde Rosse heransprengten, und der Sonnenschein dazwischen durchging und kam und sein blitzendes Schwert an den Schneeflächen zog, so daß ein helles, blendendes Licht über die Gipfel in die Täler schnitt; oder wenn der Sturm das Gewölk abwärts trieb und einen lichtblauen See hineinriß und dann der Wind verhallte und tief unten aus den Schluchten, aus den Wipfeln der Tannen wie ein Wiegenlied und Glockengeläute heraufsummte, und am tiefen Blau ein leises Rot hinaufklomm und kleine Wölkchen auf silbernen Flügeln durchzogen, und alle Berggipfel, scharf und

fest, weit über das Land hin glänzten und blitzten – riß es ihm in
der Brust, er stand, keuchend, den Leib vorwärts gebogen, Au-
gen und Mund weit offen, er meinte, er müsse den Sturm in sich
ziehen, alles in sich fassen, er dehnte sich aus und lag über der Er-
de, er wühlte sich in das All hinein, es war eine Lust, die ihm we-
he tat; oder er stand still und legte das Haupt ins Moos und
schloß die Augen halb, und dann zog es weit von ihm, die Erde
wich unter ihm, sie wurde klein wie ein wandelnder Stern und
tauchte sich in einen brausenden Strom, der seine klare Flut un-
ter ihm zog. Aber es waren nur Augenblicke; und dann erhob er
sich nüchtern, fest, ruhig, als wäre ein Schattenspiel vor ihm
vorübergezogen – er wußte von nichts mehr.

Gegen Abend kam er auf die Höhe des Gebirgs, auf das Schnee-
feld, von wo man wieder hinabstieg in die Ebene nach Westen. Er
setzte sich oben nieder. Es war gegen Abend ruhiger geworden;
das Gewölk lag fest und unbeweglich am Himmel; soweit der
Blick reichte, nichts als Gipfel, von denen sich breite Flächen hin-
abzogen, und alles so still, grau, dämmernd. Es wurde ihm ent-
setzlich einsam; er war allein, ganz allein. Er wollte mit sich spre-
chen, aber er konnte nicht, er wagte kaum zu atmen; das Biegen
seines Fußes tönte wie Donner unter ihm, er mußte sich nieder-
setzen. Es faßte ihn eine namenlose Angst in diesem Nichts: er
war im Leeren! Er riß sich auf und flog den Abhang hinunter.

Es war finster geworden, Himmel und Erde verschmolzen in
eins. Es war, als ginge ihm was nach und als müsse ihn was Ent-
setzliches erreichen, etwas, das Menschen nicht ertragen kön-
nen, als jage der Wahnsinn auf Rossen hinter ihm.

Endlich hörte er Stimmen; er sah Lichter, es wurde ihm leich-
ter. Man sagte ihm, er hätte noch eine halbe Stunde nach Walbach.

Er ging durch das Dorf. Die Lichter schienen durch die Fen-
ster, er sah hinein im Vorbeigehen: Kinder am Tische, alte Wei-
ber, Mädchen, alles ruhige, stille Gesichter. Es war ihm, als müs-
se das Licht von ihnen ausstrahlen; es ward ihm leicht, er war
bald in Walbach im Pfarrhause.

Man saß am Tische, er hinein; die blonden Locken hingen ihm um das bleiche Gesicht, es zuckte ihm in den Augen und um den Mund, seine Kleider waren zerrissen.

Oberlin hieß ihn willkommen, er hielt ihn für einen Handwerker: »Sein Sie mir willkommen, obschon Sie mir unbekannt.« – »Ich bin ein Freund von Kaufmann und bringe Ihnen Grüße von ihm.« – »Der Name, wenns beliebt?« – »Lenz.« – »Ha, ha, ha, ist er nicht gedruckt? Habe ich nicht einige Dramen gelesen, die einem Herrn dieses Namens zugeschrieben werden?« – »Ja, aber belieben Sie, mich nicht darnach zu beurteilen.«

Man sprach weiter, er suchte nach Worten und erzählte rasch, aber auf der Folter; nach und nach wurde er ruhig – das heimliche Zimmer und die stillen Gesichter, die aus dem Schatten hervortraten: das helle Kindergesicht, auf dem alles Licht zu ruhen schien und das neugierig, vertraulich aufschaute, bis zur Mutter, die hinten im Schatten engelgleich stille saß. Er fing an zu erzählen, von seiner Heimat; er zeichnete allerhand Trachten, man drängte sich teilnehmend um ihn, er war gleich zu Haus. Sein blasses Kindergesicht, das jetzt lächelte, sein lebendiges Erzählen! Er wurde ruhig; es war ihm, als träten alte Gestalten, vergessene Gesichter wieder aus dem Dunkeln, alte Lieder wachten auf, er war weg, weit weg.

Endlich war es Zeit zum Gehen. Man führte ihn über die Straße: das Pfarrhaus war zu eng, man gab ihm ein Zimmer im Schulhause. Er ging hinauf. Es war kalt oben, eine weite Stube, leer, ein hohes Bett im Hintergrund. Er stellte das Licht auf den Tisch und ging auf und ab. Er besann sich wieder auf den Tag, wie er hergekommen, wo er war. Das Zimmer im Pfarrhause mit seinen Lichtern und lieben Gesichtern, es war ihm wie ein Schatten, ein Traum, und es wurde ihm leer, wieder wie auf dem Berg; aber er konnte es mit nichts mehr ausfüllen, das Licht war erloschen, die Finsternis verschlang alles. Eine unnennbare Angst erfaßte ihn. Er sprang auf, er lief durchs Zimmer, die Treppe hinunter, vors Haus; aber umsonst, alles finster, nichts – er war sich selbst ein

Traum. Einzelne Gedanken huschten auf, er hielt sie fest; es war ihm, als müsse er immer »Vater unser« sagen. Er konnte sich nicht mehr finden; ein dunkler Instinkt trieb ihn, sich zu retten. Er stieß an die Steine, er riß sich mit den Nägeln; der Schmerz fing an, ihm das Bewußtsein wiederzugeben. Er stürzte sich in den Brunnenstein, aber das Wasser war nicht tief, er patschte darin.

Da kamen Leute; man hatte es gehört, man rief ihm zu. Oberlin kam gelaufen. Lenz war wieder zu sich gekommen, das ganze Bewußtsein seiner Lage stand vor ihm, es war ihm wieder leicht. Jetzt schämte er sich und war betrübt, daß er den guten Leuten Angst gemacht; er sagte ihnen, daß er gewohnt sei, kalt zu baden, und ging wieder hinauf; die Erschöpfung ließ ihn endlich ruhen.

Den andern Tag ging es gut. Mit Oberlin zu Pferde durch das Tal: breite Bergflächen, die aus großer Höhe sich in ein schmales gewundnes Tal zusammenzogen, das in mannigfachen Richtungen sich hoch an den Bergen hinaufzog; große Felsenmassen, die sich nach unten ausbreiteten; wenig Wald, aber alles im grauen, ernsten Anflug; eine Aussicht nach Westen in das Land hinein und auf die Bergkette, die sich grad hinunter nach Süden und Norden zog und deren Gipfel gewaltig, ernsthaft oder schweigend still, wie ein dämmernder Traum, standen. Gewaltige Lichtmassen, die manchmal aus den Tälern, wie ein goldner Strom, schwollen, dann wieder Gewölk, das an dem höchsten Gipfel lag und dann langsam den Wald herab in das Tal klomm oder in den Sonnenblitzen sich wie ein fliegendes, silbernes Gespenst herabsenkte und hob; kein Lärm, keine Bewegung, kein Vogel, nichts als das bald nahe, bald ferne Wehn des Windes. Auch erschienen Punkte, Gerippe von Hütten, Bretter mit Stroh gedeckt, von schwarzer, ernster Farbe. Die Leute, schweigend und ernst, als wagten sie die Ruhe ihres Tales nicht zu stören, grüßten ruhig, wie sie vorbeiritten.

In den Hütten war es lebendig: man drängte sich um Oberlin,

er wies zurecht, gab Rat, tröstete; überall zutrauensvolle Blicke, Gebet. Die Leute erzählten Träume, Ahnungen. Dann rasch ins praktische Leben: Wege angelegt, Kanäle gegraben, die Schule besucht.

Oberlin war unermüdlich, Lenz fortwährend sein Begleiter, bald in Gespräch, bald tätig am Geschäft, bald in die Natur versunken. Es wirkte alles wohltätig und beruhigend auf ihn. Er mußte Oberlin oft in die Augen sehen, und die mächtige Ruhe, die uns über der ruhenden Natur, im tiefen Wald, in mondhellen, schmelzenden Sommernächten überfällt, schien ihm noch näher in diesem ruhigen Auge, diesem ehrwürdigen ernsten Gesicht. Er war schüchtern; aber er machte Bemerkungen, er sprach. Oberlin war sein Gespräch sehr angenehm, und das anmutige Kindergesicht Lenzens machte ihm große Freude.

Aber nur solange das Licht im Tale lag, war es ihm erträglich; gegen Abend befiel ihn eine sonderbare Angst, er hätte der Sonne nachlaufen mögen. Wie die Gegenstände nach und nach schattiger wurden, kam ihm alles so traumartig, so zuwider vor: es kam ihm die Angst an wie Kindern, die im Dunkeln schlafen; es war ihm, als sei er blind. Jetzt wuchs sie, der Alp des Wahnsinns setzte sich zu seinen Füßen: der rettungslose Gedanke, als sei alles nur sein Traum, öffnete sich vor ihm; er klammerte sich an alle Gegenstände. Gestalten zogen rasch an ihm vorbei, er drängte sich an sie; es waren Schatten, das Leben wich aus ihm, und seine Glieder waren ganz starr. Er sprach, er sang, er rezitierte Stellen aus Shakespeare, er griff nach allem, was sein Blut sonst hatte rascher fließen machen, er versuchte alles, aber – kalt, kalt! Er mußte dann hinaus ins Freie. Das wenige durch die Nacht zerstreute Licht, wenn seine Augen an die Dunkelheit gewöhnt waren, machte ihm besser; er stürzte sich in den Brunnen, die grelle Wirkung des Wassers machte ihm besser; auch hatte er eine geheime Hoffnung auf eine Krankheit – er verrichtete sein Bad jetzt mit weniger Geräusch.

Doch je mehr er sich in das Leben hineinlebte, ward er ruhiger.

Er unterstützte Oberlin, zeichnete, las die Bibel; alte, vergangne Hoffnungen gingen in ihm auf; das Neue Testament trat ihm hier so entgegen … Wie Oberlin ihm erzählte, wie ihn eine unsichtbare Hand auf der Brücke gehalten hätte, wie auf der Höhe ein Glanz seine Augen geblendet hätte, wie er eine Stimme gehört hätte, wie es in der Nacht mit ihm gesprochen, und wie Gott so ganz bei ihm eingekehrt, daß er kindlich seine Lose aus der Tasche holte, um zu wissen, was er tun sollte: dieser Glaube, dieser ewige Himmel im Leben, dieses Sein in Gott – jetzt erst ging ihm die Heilige Schrift auf. Wie den Leuten die Natur so nah trat, alles in himmlischen Mysterien; aber nicht gewaltsam majestätisch, sondern noch vertraut.

Eines Morgens ging er hinaus. Die Nacht war Schnee gefallen; im Tal lag heller Sonnenschein, aber weiterhin die Landschaft halb im Nebel. Er kam bald vom Weg ab und eine sanfte Höhe hinauf, keine Spur von Fußtritten mehr, neben einem Tannenwald hin; die Sonne schnitt Kristalle, der Schnee war leicht und flockig, hie und da Spur von Wild leicht auf dem Schnee, die sich ins Gebirg hinzog. Keine Regung in der Luft als ein leises Wehen, als das Rauschen eines Vogels, der die Flocken leicht vom Schwanze stäubte. Alles so still, und die Bäume weithin mit schwankenden weißen Federn in der tiefblauen Luft. Es wurde ihm heimlich nach und nach. Die einförmigen, gewaltigen Flächen und Linien, vor denen es ihm manchmal war, als ob sie ihn mit gewaltigen Tönen anredeten, waren verhüllt; ein heimliches Weihnachtsgefühl beschlich ihn: er meinte manchmal, seine Mutter müsse hinter einem Baum hervortreten, groß, und ihm sagen, sie hätte ihm dies alles beschert. Wie er hinunterging, sah er, daß um seinen Schatten sich ein Regenbogen von Strahlen legte; es wurde ihm, als hätte ihn was an der Stirn berührt, das Wesen sprach ihn an.

Er kam hinunter. Oberlin war im Zimmer; Lenz kam heiter auf ihn zu und sagte ihm, er möge wohl einmal predigen. – »Sind Sie Theologe?« – »Ja!« – »Gut, nächsten Sonntag.«

Lenz ging vergnügt auf sein Zimmer. Er dachte auf einen Text zum Predigen und verfiel in Sinnen, und seine Nächte wurden ruhig. Der Sonntagmorgen kam, es war Tauwetter eingefallen. Vorüberstreifende Wolken, Blau dazwischen. Die Kirche lag neben am Berg hinauf, auf einem Vorsprung; der Kirchhof drumherum. Lenz stand oben, wie die Glocke läutete und die Kirchengänger, die Weiber und Mädchen in ihrer ernsten schwarzen Tracht, das weiße gefaltete Schnupftuch auf dem Gesangbuch und den Rosmarinzweig, von den verschiedenen Seiten die schmalen Pfade zwischen den Felsen herauf- und herabkamen. Ein Sonnenblick lag manchmal über dem Tal, die laue Luft regte sich langsam, die Landschaft schwamm im Duft, fernes Geläute – es war, als löste sich alles in eine harmonische Welle auf.

Auf dem kleinen Kirchhof war der Schnee weg, dunkles Moos unter den schwarzen Kreuzen; ein verspäteter Rosenstrauch lehnte an der Kirchhofmauer, verspätete Blumen dazu unter dem Moos hervor; manchmal Sonne, dann wieder dunkel. Die Kirche fing an, die Menschenstimmen begegneten sich im reinen hellen Klang; ein Eindruck, als schaue man in reines durchsichtiges Bergwasser. Der Gesang verhallte – Lenz sprach. Er war schüchtern; unter den Tönen hatte sein Starrkrampf sich ganz gelegt, sein ganzer Schmerz wachte jetzt auf und legte sich in sein Herz. Ein süßes Gefühl unendlichen Wohls beschlich ihn. Er sprach einfach mit den Leuten; sie litten alle mit ihm, und es war ihm ein Trost, wenn er über einige müdgeweinte Augen Schlaf und gequälten Herzen Ruhe bringen, wenn er über dieses von materiellen Bedürfnissen gequälte Sein, diese dumpfen Leiden gen Himmel leiten konnte. Er war fester geworden, wie er schloß – da fingen die Stimmen wieder an:

> Laß in mir die heilgen Schmerzen,
> Tiefe Bronnen ganz aufbrechen;
> Leiden sei all mein Gewinst,
> Leiden sei mein Gottesdienst.

Das Drängen in ihm, die Musik, der Schmerz, erschütterte ihn. Das All war für ihn in Wunden; er fühlte tiefen, unnennbaren Schmerz davon. Jetzt ein anderes Sein: göttliche, zuckende Lippen bückten sich über ihm nieder und sogen sich an seine Lippen; er ging auf sein einsames Zimmer. Er war allein, allein! Da rauschte die Quelle, Ströme brachen aus seinen Augen, er krümmte sich in sich, es zuckten seine Glieder, es war ihm, als müsse er sich auflösen, er konnte kein Ende finden der Wollust. Endlich dämmerte es in ihm: er empfand ein leises tiefes Mitleid mit sich selbst, er weinte über sich; sein Haupt sank auf die Brust, er schlief ein. Der Vollmond stand am Himmel; die Locken fielen ihm über die Schläfe und das Gesicht, die Tränen hingen ihm an den Wimpern und trockneten auf den Wangen – so lag er nun da allein, und alles war ruhig und still und kalt, und der Mond schien die ganze Nacht und stand über den Bergen.

Am folgenden Morgen kam er herunter, er erzählte Oberlin ganz ruhig, wie ihm die Nacht seine Mutter erschienen sei: sie sei in einem weißen Kleid aus der dunklen Kirchhofmauer hervorgetreten und habe eine weiße und eine rote Rose an der Brust stecken gehabt; sie sei dann in eine Ecke gesunken, und die Rosen seien langsam über sie gewachsen, sie sei gewiß tot; er sei ganz ruhig darüber. Oberlin versetzte ihm nun, wie er bei dem Tod seines Vaters allein auf dem Felde gewesen sei und er dann eine Stimme gehört habe, so daß er wußte, daß sein Vater tot sei; und wie er heimgekommen, sei es so gewesen. Das führte sie weiter: Oberlin sprach noch von den Leuten im Gebirge, von Mädchen, die das Wasser und Metall unter der Erde fühlten, von Männern, die auf manchen Berghöhen angefaßt würden und mit einem Geiste rängen; er sagte ihm auch, wie er einmal im Gebirg durch das Schauen in ein leeres Bergwasser in eine Art von Somnambulismus versetzt worden sei. Lenz sagte, daß der Geist des Wassers über ihn gekommen sei, daß er dann etwas von seinem eigentümlichen Sein empfunden hätte. Er fuhr weiter fort: Die einfachste, reinste Natur hinge am nächsten mit der elementarischen zusammen; je feiner der Mensch geistig fühlt und lebt, um so abgestumpfter würde dieser elementarische Sinn; er halte ihn nicht für einen hohen Zustand, er sei nicht selbständig genug, aber er meine, es müsse ein unendliches Wonnegefühl sein, so von dem eigentümlichen Leben jeder Form berührt zu werden, für Gesteine, Metalle, Wasser und Pflanzen eine Seele zu haben, so traumartig jedes Wesen in der Natur in sich aufzunehmen, wie die Blumen mit dem Zu- und Abnehmen des Mondes die Luft.

Er sprach sich selbst weiter aus: wie in allem eine unaussprechliche Harmonie, ein Ton, eine Seligkeit sei, die in den höhern Formen mit mehr Organen aus sich herausgriffe, tönte, auffaßte und dafür aber auch um so tiefer affiziert würde; wie in den niedrigen Formen alles zurückgedrängter, beschränkter, dafür aber auch die Ruhe in sich größer sei. Er verfolgte das noch weiter. Oberlin brach es ab, es führte ihn zu weit von seiner einfachen Art ab. Ein ander Mal zeigte ihm Oberlin Farbentäfelchen, er setzte ihm auseinander, in welcher Beziehung jede Farbe mit dem Menschen stände; er brachte zwölf Apostel heraus, deren jeder durch eine Farbe repräsentiert würde. Lenz faßte das auf, er spann die Sache weiter, kam in ängstliche Träume und fing an, wie Stilling, die Apokalypse zu lesen, und las viel in der Bibel.

Um diese Zeit kam Kaufmann mit seiner Braut ins Steintal. Lenzen war anfangs das Zusammentreffen unangenehm; er hatte sich so ein Plätzchen zurechtgemacht, das bißchen Ruhe war ihm so kostbar – und jetzt kam ihm jemand entgegen, der ihn an so vieles erinnerte, mit dem er sprechen, reden mußte, der seine Verhältnisse kannte. Oberlin wußte von allem nichts; er hatte ihn aufgenommen, gepflegt; er sah es als eine Schickung Gottes, der den Unglücklichen ihm zugesandt hätte, er liebte ihn herzlich. Auch war es allen notwendig, daß er da war; er gehörte zu ihnen, als wäre er schon längst da, und niemand frug, woher er gekommen und wohin er gehen werde.

Über Tisch war Lenz wieder in guter Stimmung: man sprach von Literatur, er war auf seinem Gebiete. Die idealistische Periode fing damals an; Kaufmann war ein Anhänger davon, Lenz widersprach heftig. Er sagte: Die Dichter, von denen man sage, sie geben die Wirklichkeit, hätten auch keine Ahnung davon; doch seien sie immer noch erträglicher als die, welche die Wirklichkeit verklären wollen. Er sagte: Der liebe Gott hat die Welt wohl gemacht, wie sie sein soll, und wir können wohl nicht was Besseres klecksen; unser einziges Bestreben soll sein, ihm ein wenig nachzuschaffen. Ich verlange in allem – Leben, Möglichkeit des Daseins, und dann ists gut; wir haben dann nicht zu fragen, ob es schön, ob es häßlich ist. Das Gefühl, daß, was geschaffen sei, Leben habe, stehe über diesen beiden und sei das einzige Kriterium in Kunstsachen. Übrigens begegne es uns nur selten: in Shakespeare finden wir es, und in den Volksliedern tönt es einem ganz, in Goethe manchmal entgegen; alles übrige kann man ins Feuer werfen. Die Leute können auch keinen Hundsstall zeichnen. Da wollte man idealistische Gestalten, aber alles, was ich davon gesehen, sind Holzpuppen. Dieser Idealismus ist die schmählichste Verachtung der menschlichen Natur. Man versuche es einmal und senke sich in das Leben des Geringsten und gebe es wieder in den Zuckungen, den Andeutungen, dem ganzen feinen, kaum bemerkten Mienenspiel; er hätte dergleichen versucht im »Hofmeister« und den »Soldaten«. Es sind die prosaischsten Menschen unter der Sonne; aber die Gefühlsader ist in fast allen Menschen gleich, nur ist die Hülle mehr oder weniger dicht, durch die sie brechen muß. Man muß nur Aug und Ohren dafür haben. Wie ich gestern neben am Tal hinaufging, sah ich auf einem Steine zwei Mädchen sitzen: die eine band ihre Haare auf, die andre half ihr; und das goldne Haar hing herab, und ein ernstes bleiches Gesicht, und doch so jung, und die schwarze Tracht, und die andre so sorgsam bemüht. Die schönsten, innigsten Bilder der altdeutschen Schule geben kaum eine Ahnung davon. Man möchte manchmal ein Medusenhaupt sein, um so eine

Gruppe in Stein verwandeln zu können, und den Leuten zurufen. Sie standen auf, die schöne Gruppe war zerstört; aber wie sie so hinabstiegen, zwischen den Felsen, war es wieder ein anderes Bild.

Die schönsten Bilder, die schwellendsten Töne gruppieren, lösen sich auf. Nur eins bleibt: eine unendliche Schönheit, die aus einer Form in die andre tritt, ewig aufgeblättert, unverändert. Man kann sie aber freilich nicht immer festhalten und in Museen stellen und auf Noten ziehen, und dann alt und jung herbeirufen und die Buben und Alten darüber radotieren und sich entzücken lassen. Man muß die Menschheit lieben, um in das eigentümliche Wesen jedes einzudringen; es darf einem keiner zu gering, keiner zu häßlich sein, erst dann kann man sie verstehen; das unbedeutendste Gesicht macht einen tiefern Eindruck als die bloße Empfindung des Schönen, und man kann die Gestalten aus sich heraustreten lassen, ohne etwas vom Äußern hinein zu kopieren, wo einem kein Leben, keine Muskeln, kein Puls entgegenschwillt und pocht.

Kaufmann warf ihm vor, daß er in der Wirklichkeit doch keine Typen für einen Apoll von Belvedere oder eine Raffaelische Madonna finden würde. Was liegt daran, versetzte er; ich muß gestehen, ich fühle mich dabei sehr tot. Wenn ich in mir arbeite, kann ich auch wohl was dabei fühlen, aber ich tue das Beste daran. *Der* Dichter und Bildende ist mir der liebste, der mir die Natur am wirklichsten gibt, so daß ich über seinem Gebild fühle; alles übrige stört mich. Die holländischen Maler sind mir lieber als die italienischen, sie sind auch die einzigen faßlichen. Ich kenne nur zwei Bilder, und zwar von Niederländern, die mir einen Eindruck gemacht hätten wie das Neue Testament: das eine ist, ich weiß nicht von wem, Christus und die Jünger von Emmaus. Wenn man so liest, wie die Jünger hinausgingen, es liegt gleich die ganze Natur in den paar Worten. Es ist ein trüber, dämmernder Abend, ein einförmiger roter Streifen am Horizont, halbfinster auf der Straße; da kommt ein Unbekannter zu ihnen, sie sprechen, er bricht das Brot; da erkennen sie ihn, in einfach-menschlicher Art, und die göttlich-leidenden Züge reden ihnen deutlich, und sie erschrecken, denn es ist finster geworden, und es tritt sie etwas Unbegreifliches an; aber es ist kein gespenstisches Grauen, es ist, wie wenn einem ein geliebter Toter in der Dämmerung in der alten Art entgegenträte: so ist das Bild mit dem einförmigen, bräunlichen Ton darüber, dem trüben stillen Abend. Dann ein anderes: Eine Frau sitzt in ihrer Kammer, das Gebetbuch in der Hand. Es ist sonntäglich aufgeputzt, der Sand gestreut, so heimlich rein und warm. Die Frau hat nicht zur Kirche gekonnt, und sie verrichtet die Andacht zu Haus; das Fenster ist offen, sie sitzt darnach hingewandt, und es ist, als schwebten zu dem Fenster über die weite ebne Landschaft die Glockentöne von dem Dorfe herein und verhallet der Sang der nahen Gemeinde aus der Kirche her, und die Frau liest den Text nach.

In *der* Art sprach er weiter; man horchte auf, es traf vieles. Er war rot geworden über dem Reden, und bald lächelnd, bald ernst schüttelte er die blonden Locken. Er hatte sich ganz vergessen.

Nach dem Essen nahm ihn Kaufmann beiseite. Er hatte Briefe von Lenzens Vater erhalten, sein Sohn sollte zurück, ihn unterstützen. Kaufmann sagte ihm, wie er sein Leben hier verschleudre, unnütz verliere, er solle sich ein Ziel stecken, und dergleichen mehr. Lenz fuhr ihn an: »Hier weg, weg? nach Haus? Toll werden dort? Du weißt, ich kann es nirgends aushalten als da herum, in der Gegend. Wenn ich nicht manchmal auf einen Berg könnte und die Gegend sehen könnte, und dann wieder herunter ins Haus, durch den Garten gehn und zum Fenster hineinsehn – ich würde toll! toll! Laßt mich doch in Ruhe! Nur ein bißchen Ruhe jetzt, wo es mir ein wenig wohl wird! Weg, weg? Ich verstehe das nicht, mit den zwei Worten ist die Welt verhunzt. Jeder hat was nötig; wenn er ruhen kann, was könnt er mehr haben! Immer steigen, ringen und so in Ewigkeit alles, was der Augenblick gibt, wegwerfen und immer darben, um einmal zu genießen! Dürsten, während einem helle Quellen über den Weg springen! Es ist mir jetzt erträglich, und da will ich bleiben. Warum? warum? Eben weil es mir wohl ist. Was will mein Vater? Kann er mehr geben? Unmöglich! Laßt mich in Ruhe!« – Er wurde heftig; Kaufmann ging, Lenz war verstimmt.

Am folgenden Tag wollte Kaufmann weg. Er beredete Oberlin, mit ihm in die Schweiz zu gehen. Der Wunsch, Lavater, den er längst durch Briefe kannte, auch persönlich kennenzulernen, bestimmte ihn. Er sagte es zu. Man mußte einen Tag länger wegen der Zurüstungen warten. Lenz fiel das aufs Herz. Er hatte, um seiner unendlichen Qual los zu werden, sich ängstlich an alles geklammert; er fühlte in einzelnen Augenblicken tief, wie er sich alles nur zurechtmache; er ging mit sich um wie mit einem kranken Kinde. Manche Gedanken, mächtige Gefühle wurde er nur mit der größten Angst los; da trieb es ihn wieder mit unendlicher Gewalt darauf, er zitterte, das Haar sträubte ihm fast, bis er es in der ungeheuersten Anspannung erschöpfte. Er rettete sich in eine Gestalt, die ihm immer vor Augen schwebte, und in Oberlin; seine Worte, sein Gesicht taten ihm unendlich wohl. So sah er mit Angst seiner Abreise entgegen.

Es war Lenzen unheimlich, jetzt allein im Haus zu bleiben. Das Wetter war milde geworden: er beschloß, Oberlin zu begleiten, ins Gebirg. Auf der andern Seite, wo die Täler sich in die Ebne ausliefen, trennten sie sich. Er ging allein zurück. Er durchstrich das Gebirg in verschiedenen Richtungen. Breite Flächen zogen sich in die Täler herab, wenig Wald, nichts als gewaltige Linien und weiter hinaus die weite, rauchende Ebne, in der Luft ein gewaltiges Wehen, nirgends eine Spur von Menschen, als hie und da eine verlassene Hütte, wo die Hirten den Sommer zubrachten, an den Abhängen gelehnt. Er wurde still, vielleicht fast träumend: es verschmolz ihm alles in eine Linie, wie eine steigende und sinkende Welle, zwischen Himmel und Erde; es war ihm, als läge er an einem unendlichen Meer, das leise auf und ab wogte. Manchmal saß er; dann ging er wieder, aber langsam träumend. Er suchte keinen Weg.

Es war finstrer Abend, als er an eine bewohnte Hütte kam, im Abhang nach dem Steintal. Die Türe war verschlossen; er ging ans Fenster, durch das ein Lichtschimmer fiel. Eine Lampe erhellte fast nur einen Punkt: ihr Licht fiel auf das bleiche Gesicht eines Mädchen, das mit halb geöffneten Augen, leise die Lippen bewegend, dahinter ruhte. Weiter weg im Dunkel saß ein altes Weib, das mit schnarrender Stimme aus einem Gesangbuch sang. Nach langem Klopfen öffnete sie; sie war halb taub. Sie trug Lenz einiges Essen auf und wies ihm eine Schlafstelle an, wobei sie beständig ihr Lied fortsang. Das Mädchen hatte sich nicht gerührt. Einige Zeit darauf kam ein Mann herein; er war lang und hager, Spuren von grauen Haaren, mit unruhigem, verwirrtem Gesicht. Er trat zum Mädchen, sie zuckte auf und wurde unruhig. Er nahm ein getrocknetes Kraut von der Wand und legte ihr die Blätter auf die Hand, so daß sie ruhiger wurde und verständliche Worte in langsam ziehenden, durchschneidenden Tönen summte. Er erzählte, wie er eine Stimme im Gebirge gehört und dann über den Tälern ein Wetterleuchten gesehen habe; auch habe es ihn angefaßt, und er habe damit gerungen wie Jakob. Er warf sich nieder und betete leise mit Inbrunst, während die Kranke in einem langsam ziehenden, leise verhallenden Ton sang. Dann gab er sich zur Ruhe.

Lenz schlummerte träumend ein, und dann hörte er im Schlaf, wie die Uhr pickte. Durch das leise Singen des Mädchens und die Stimme der Alten zugleich tönte das Sausen des Windes, bald näher, bald ferner, und der bald helle, bald verhüllte Mond warf sein wechselndes Licht traumartig in die Stube. Einmal wurden die Töne lauter, das Mädchen redete deutlich und bestimmt: sie sagte, wie auf der Klippe gegenüber eine Kirche stehe. Lenz sah auf, und sie saß mit weitgeöffneten Augen aufrecht hinter dem Tisch, und der Mond warf sein stilles Licht auf ihre Züge, von denen ein unheimlicher Glanz zu strahlen schien; zugleich schnarrte die Alte, und über diesem Wechseln und Sinken des Lichts, den Tönen und Stimmen schlief endlich Lenz tief ein.

Er erwachte früh. In der dämmernden Stube schlief alles, auch das Mädchen war ruhig geworden. Sie lag zurückgelehnt, die Hände gefaltet unter der linken Wange: das Geisterhafte aus ihren Zügen war verschwunden, sie hatte jetzt einen Ausdruck unbeschreiblichen Leidens. Er trat ans Fenster und öffnete es, die kalte Morgenluft schlug ihm entgegen. Das Haus lag am Ende eines schmalen, tiefen Tales, das sich nach Osten öffnete; rote Strahlen schossen durch den grauen Morgenhimmel in das dämmernde Tal, das im weißen Rauch lag, und funkelten am grauen Gestein und trafen in die Fenster der Hütten. Der Mann erwachte. Seine Augen trafen auf ein erleuchtet Bild an der Wand, sie richteten sich fest und starr darauf; nun fing er an, die Lippen zu bewegen, und betete leise, dann laut und immer lauter. Indem kamen Leute zur Hütte herein, sie warfen sich schweigend nieder. Das Mädchen lag in Zuckungen, die Alte schnarrte ihr Lied und plauderte mit den Nachbarn.

Die Leute erzählten Lenzen, der Mann sei vor langer Zeit in die Gegend gekommen, man wisse nicht woher, er stehe im Ruf eines Heiligen, er sehe das Wasser unter der Erde und könne Geister beschwören, und man wallfahre zu ihm. Lenz erfuhr zugleich, daß er weiter vom Steintal abgekommen; er ging weg mit einigen Holzhauern, die in die Gegend gingen. Es tat ihm wohl, Gesellschaft zu finden; es war ihm jetzt unheimlich mit dem gewaltigen Menschen, von dem es ihm manchmal war, als rede er in entsetzlichen Tönen. Auch fürchtete er sich vor sich selbst in der Einsamkeit.

Er kam heim. Doch hatte die verflossene Nacht einen gewaltigen Eindruck auf ihn gemacht. Die Welt war ihm helle gewesen, und er spürte an sich ein Regen und Wimmeln nach einem Abgrund, zu dem ihn eine unerbittliche Gewalt hinriß. Er wühlte jetzt in sich. Er aß wenig; halbe Nächte im Gebet und fieberhaften Träumen. Ein gewaltsames Drängen, und dann erschöpft zurückgeschlagen; er lag in den heißesten Tränen. Und dann bekam er plötzlich eine Stärke und erhob sich kalt und gleichgültig; seine Tränen waren ihm dann wie Eis, er mußte lachen. Je höher er sich aufriß, desto tiefer stürzte er hinunter. Alles strömte wieder zusammen. Ahnungen von seinem alten Zustande durchzuckten ihn und warfen Streiflichter in das wüste Chaos seines Geistes.

Des Tags saß er gewöhnlich unten im Zimmer. Madame Oberlin ging ab und zu; er zeichnete, malte, las, griff nach jeder Zerstreuung, alles hastig von einem zum andern. Doch schloß er sich jetzt besonders an Madame Oberlin an, wenn sie so dasaß, das schwarze Gesangbuch vor sich, neben einer Pflanze, im Zimmer gezogen, das jüngste Kind zwischen den Knien; auch machte er sich viel mit dem Kinde zu tun. So saß er einmal, da wurde ihm ängstlich, er sprang auf, ging auf und ab. Die Türe halb offen – da hörte er die Magd singen, erst unverständlich, dann kamen die Worte:

> Auf dieser Welt hab ich kein Freud,
> Ich hab mein Schatz, und der ist weit.

Das fiel auf ihn, er verging fast unter den Tönen. Madame Oberlin sah ihn an. Er faßte sich ein Herz, er konnte nicht mehr schweigen, er mußte davon sprechen. »Beste Madame Oberlin, können Sie mir nicht sagen, was das Frauenzimmer macht, dessen Schicksal mir so zentnerschwer auf dem Herzen liegt?« – »Aber Herr Lenz, ich weiß von nichts.«

Er schwieg dann wieder und ging hastig im Zimmer auf und ab; dann fing er wieder an: »Sehn Sie, ich will gehen; Gott, Sie sind noch die einzigen Menschen, wo ichs aushalten könnte, und doch – doch, ich muß weg, zu *ihr* – aber ich kann nicht, ich darf nicht.« – Er war heftig bewegt und ging hinaus.

Gegen Abend kam Lenz wieder, es dämmerte in der Stube; er setzte sich neben Madame Oberlin. »Sehn Sie«, fing er wieder an, »wenn sie so durchs Zimmer ging und so halb für sich allein sang, und jeder Tritt war eine Musik, es war so eine Glückseligkeit in ihr, und das strömte in mich über; ich war immer ruhig, wenn ich sie ansah oder sie so den Kopf an mich lehnte ... Ganz Kind; es war, als wäre ihr die Welt zu weit: sie zog sich so in sich zurück, sie suchte das engste Plätzchen im ganzen Haus, und da saß sie, als wäre ihre ganze Seligkeit nur in einem kleinen Punkt, und dann war mirs auch so; wie ein Kind hätte ich dann spielen können. Jetzt ist es mir so eng, so eng! Sehn Sie, es ist mir manchmal, als stieß ich mit den Händen an den Himmel; o, ich ersticke! Es ist mir dabei oft, als fühlt ich physischen Schmerz, da in der linken Seite, im Arm, womit ich sie sonst faßte. Doch kann ich sie mir nicht mehr vorstellen, das Bild läuft mir fort, und dies martert mich; nur wenn es mir manchmal ganz hell wird, so ist mir wieder recht wohl.« – Er sprach später noch oft mit Madame Oberlin davon, aber meist in abgebrochenen Sätzen; sie wußte wenig zu antworten, doch tat es ihm wohl.

Unterdessen ging es fort mit seinen religiösen Quälereien. Je leerer, je kälter, je sterbender er sich innerlich fühlte, desto mehr drängte es ihn, eine Glut in sich zu wecken; es kamen ihm Erinnerungen an die Zeiten, wo alles in ihm sich drängte, wo er unter all seinen Empfindungen keuchte. Und jetzt so tot. Er verzweifelte an sich selbst; dann warf er sich nieder, er rang die Hände, er rührte alles in sich auf – aber tot! tot! Dann flehte er, Gott möge ein Zeichen an ihm tun; dann wühlte er in sich, fastete, lag träumend am Boden.

Am 3. Hornung hörte er, ein Kind in Fouday sei gestorben, das Friederike hieß; er faßte es auf wie eine fixe Idee. Er zog sich in sein Zimmer und fastete einen Tag. Am 4. trat er plötzlich ins Zimmer zu Madame Oberlin; er hatte sich das Gesicht mit Asche beschmiert und forderte einen alten Sack. Sie erschrak; man gab ihm, was er verlangte. Er wickelte den Sack um sich, wie ein Büßender, und schlug den Weg nach Fouday ein. Die Leute im Tale waren ihn schon gewohnt; man erzählte sich allerlei Seltsames von ihm. Er kam ins Haus, wo das Kind lag. Die Leute gingen gleichgültig ihrem Geschäft nach; man wies ihm eine Kammer: das Kind lag im Hemde auf Stroh, auf einem Holztisch.

Lenz schauderte, wie er die kalten Glieder berührte und die halbgeöffneten gläsernen Augen sah. Das Kind kam ihm so verlassen vor, und er sich so allein und einsam. Er warf sich über die Leiche nieder. Der Tod erschreckte ihn, ein heftiger Schmerz faßte ihn an: diese Züge, dieses stille Gesicht sollte verwesen – er warf sich nieder; er betete mit allem Jammer der Verzweiflung, daß Gott ein Zeichen an ihm tue und das Kind beleben möge; dann sank er ganz in sich und wühlte all seinen Willen auf einen Punkt. So saß er lange starr. Dann erhob er sich und faßte die Hände des Kindes und sprach laut und fest: »Stehe auf und wandle!« Aber die Wände hallten ihm nüchtern den Ton nach, daß es zu spotten schien, und die Leiche blieb kalt. Da stürzte er halb wahnsinnig nieder; dann jagte es ihn auf, hinaus ins Gebirg.

Wolken zogen rasch über den Mond; bald alles im Finstern, bald zeigten sie die nebelhaft verschwindende Landschaft im Mondschein. Er rannte auf und ab. In seiner Brust war ein Triumphgesang der Hölle. Der Wind klang wie ein Titanenlied. Es war ihm, als könnte er eine ungeheure Faust hinauf in den Himmel ballen und Gott herbeireißen und zwischen seinen Wolken schleifen; als könnte er die Welt mit den Zähnen zermalmen und sie dem Schöpfer ins Gesicht speien; er schwur, er lästerte. So kam er auf die Höhe des Gebirges, und das ungewisse Licht dehnte sich hinunter, wo die weißen Steinmassen lagen, und der Himmel war ein dummes blaues Aug, und der Mond stand ganz lächerlich drin, einfältig. Lenz mußte laut lachen, und mit dem Lachen griff der Atheismus in ihn und faßte ihn ganz sicher und ruhig und fest. Er wußte nicht mehr, was ihn vorhin so bewegt hatte, es fror ihn; er dachte, er wolle jetzt zu Bette gehn, und er ging kalt und unerschütterlich durch das unheimliche Dunkel – es war ihm alles leer und hohl, er mußte laufen und ging zu Bette.

Am folgenden Tag befiel ihn ein großes Grauen vor seinem gestrigen Zustand. Er stand nun am Abgrund, wo eine wahnsinnige Lust ihn trieb, immer wieder hineinzuschauen und sich diese Qual zu wiederholen. Dann steigerte sich seine Angst, die Sünde wider den Heiligen Geist stand vor ihm.

Einige Tage darauf kam Oberlin aus der Schweiz zurück, viel früher, als man es erwartet hatte, Lenz war darüber betroffen. Doch wurde er heiter, als Oberlin ihm von seinen Freunden im Elsaß erzählte. Oberlin ging dabei im Zimmer hin und her und packte aus, legte hin. Dabei erzählte er von Pfeffel, das Leben eines Landgeistlichen glücklich preisend. Dabei ermahnte er ihn, sich in den Wunsch seines Vaters zu fügen, seinem Berufe gemäß zu leben, heimzukehren. Er sagte ihm: »Ehre Vater und Mutter!« und dergleichen mehr. Über dem Gespräch geriet Lenz in heftige Unruhe; er stieß tiefe Seufzer aus, Tränen drangen ihm aus den Augen, er sprach abgebrochen. »Ja, ich halt es aber nicht aus; wollen Sie mich verstoßen? Nur in Ihnen ist der Weg zu Gott. Doch mit mir ists aus! Ich bin abgefallen, verdammt in Ewigkeit, ich bin der Ewige Jude.« Oberlin sagte ihm, dafür sei Jesus gestorben; er möge sich brünstig an ihn wenden, und er würde teilhaben an seiner Gnade.

Lenz erhob das Haupt, rang die Hände und sagte: »Ach! ach! göttlicher Trost –«. Dann frug er plötzlich freundlich, was das Frauenzimmer mache. Oberlin sagte, er wisse von nichts, wolle ihm aber in allem helfen und raten; er müsse ihm aber Ort, Umstände und Person angeben. Er antwortete nichts wie gebrochne Worte: »Ach, ist sie tot? Lebt sie noch? Der Engel! Sie liebte mich – ich liebte sie, sie wars würdig – o der Engel! Verfluchte Eifersucht, ich habe sie aufgeopfert – sie liebte noch einen andern – ich liebte sie, sie wars würdig – o gute Mutter, auch die liebte mich – ich bin euer Mörder!« Oberlin versetzte: vielleicht lebten alle diese Personen noch, vielleicht vergnügt; es möge sein, wie es wolle, so könne und werde Gott, wenn er sich zu ihm bekehrt haben würde, diesen Personen auf sein Gebet und Tränen so viel Gutes erweisen, daß der Nutzen, den sie alsdann von ihm hätten, den Schaden, den er ihnen zugefügt, vielleicht überwiegen würde. Er wurde darauf nach und nach ruhiger und ging wieder an sein Malen.

Den Nachmittag kam er wieder. Auf der linken Schulter hatte er ein Stück Pelz und in der Hand ein Bündel Gerten, die man Oberlin nebst einem Briefe für Lenz mitgegeben hatte. Er reichte Oberlin die Gerten mit dem Begehren, er sollte ihn damit schlagen. Oberlin nahm die Gerten aus seiner Hand, drückte ihm einige Küsse auf den Mund und sagte: dies wären die Streiche, die er ihm zu geben hätte; er möchte ruhig sein, seine Sache mit Gott allein ausmachen, alle möglichen Schläge würden keine einzige seiner Sünden tilgen; dafür hätte Jesus gesorgt, zu dem möchte er sich wenden. Er ging.

Beim Nachtessen war er wie gewöhnlich etwas tiefsinnig. Doch sprach er von allerlei, aber mit ängstlicher Hast. Um Mitternacht wurde Oberlin durch ein Geräusch geweckt. Lenz rannte durch den Hof, rief mit hohler, harter Stimme den Namen Friederike, mit äußerster Schnelle, Verwirrung und Verzweiflung ausgesprochen; er stürzte sich dann in den Brunnentrog, patschte darin, wieder heraus und herauf in sein Zimmer, wieder herunter in den Trog, und so einigemal – endlich wurde er still. Die Mägde, die in der Kinderstube unter ihm schliefen, sagten, sie hätten oft, insonderheit aber in selbiger Nacht, ein Brummen gehört, das sie mit nichts als mit dem Tone einer Haberpfeife zu vergleichen wüßten. Vielleicht war es sein Winseln, mit hohler, fürchterlicher, verzweifelnder Stimme.

Am folgenden Morgen kam Lenz lange nicht. Endlich ging Oberlin hinauf in sein Zimmer: er lag im Bett, ruhig und unbeweglich. Oberlin mußte lange fragen, ehe er Antwort bekam; endlich sagte er: »Ja, Herr Pfarrer, sehen Sie, die Langeweile! die Langeweile! o, so langweilig! Ich weiß gar nicht mehr, was ich sagen soll; ich habe schon allerlei Figuren an die Wand gezeichnet.« Oberlin sagte ihm, er möge sich zu Gott wenden; da lachte er und sagte: »Ja, wenn ich so glücklich wäre wie Sie, einen so behaglichen Zeitvertreib aufzufinden, ja, man könnte sich die Zeit schon so ausfüllen. Alles aus Müßiggang. Denn die meisten beten aus Langeweile, die andern verlieben sich aus Langeweile, die dritten sind tugendhaft, die vierten lasterhaft, und ich gar nichts, gar nichts, ich mag mich nicht einmal umbringen: es ist zu langweilig!

> O Gott! in deines Lichtes Welle
> In deines glühenden Mittags Helle,
> Sind meine Augen wund gewacht.
> Wird es denn niemals wieder Nacht?«

Oberlin blickte ihn unwillig an und wollte gehen. Lenz huschte ihm nach, und indem er ihn mit unheimlichen Augen ansah: »Sehn Sie, jetzt kommt mir doch was ein, wenn ich nur unterscheiden könnte, ob ich träume oder wache; sehn Sie, das ist sehr wichtig, wir wollen es untersuchen« – er huschte dann wieder ins Bett.

Den Nachmittag wollte Oberlin in der Nähe einen Besuch machen; seine Frau war schon fort. Er war im Begriff wegzugehen, als es an seine Türe klopfte und Lenz hereintrat mit vorwärts gebogenem Leib, niederwärts hängendem Haupt, das Gesicht über und über und das Kleid hie und da mit Asche bestreut, mit der rechten Hand den linken Arm haltend. Er bat Oberlin, ihm den Arm zu ziehen: er hätte ihn verrenkt, er hätte sich zum Fenster heruntergestürzt; weil es aber niemand gesehen, wolle er es auch niemand sagen. Oberlin erschrak heftig, doch sagte er nichts; er tat, was Lenz begehrte. Zugleich schrieb er an den Schulmeister Sebastian Scheidecker von Bellefosse, er möge herunterkommen, und gab ihm Instruktionen. Dann ritt er weg.

Der Mann kam. Lenz hatte ihn schon oft gesehen und hatte sich an ihn attachiert. Er tat, als hätte er mit Oberlin etwas reden wollen, wollte dann wieder weg. Lenz bat ihn zu bleiben, und so blieben sie beisammen. Lenz schlug noch einen Spaziergang nach Fouday vor. Er besuchte das Grab des Kindes, das er hatte erwecken wollen, kniete zu verschiedenen Malen nieder, küßte die Erde des Grabes, schien betend, doch mit großer Verwirrung, riß etwas von der auf dem Grab stehenden Krone ab, als ein Andenken, ging wieder zurück nach Waldbach, kehrte wieder um, und Sebastian mit. Bald ging er langsam und klagte über große Schwäche in den Gliedern, dann ging er mit verzweifelnder Schnelligkeit; die Landschaft beängstige ihn, sie war so eng, daß er an alles zu stoßen fürchtete. Ein unbeschreibliches Gefühl des Mißbehagens befiel ihn; sein Begleiter ward ihm endlich lästig, auch mochte er seine Absicht erraten und suchte Mittel, ihn zu entfernen. Sebastian schien ihm nachzugeben, fand aber heimlich Mittel, seinen Bruder von der Gefahr zu benachrichtigen, und nun hatte Lenz zwei Aufseher, statt einen. Er zog sie wacker herum; endlich ging er nach Waldbach zurück, und da sie nahe am Dorfe waren, kehrte er wie ein Blitz wieder um und sprang wie ein Hirsch gen Fouday zurück. Die Männer setzten ihm nach. Indem sie ihn in Fouday suchten, kamen zwei Krämer und erzählten ihnen, man hätte in einem Hause einen Fremden gefunden, der sich für einen Mörder ausgäbe, der aber gewiß kein Mörder sein könne. Sie liefen in dies Haus und fanden es so. Ein junger Mensch hatte ihn, auf sein ungestümes Dringen, in der Angst gebunden. Sie banden ihn los und brachten ihn glücklich nach Waldbach, wohin Oberlin indessen mit seiner Frau zurückgekommen war. Er sah verwirrt aus. Da er aber merkte, daß er liebreich und freundlich empfangen wurde, bekam er wieder Mut; sein Gesicht veränderte sich vorteilhaft, er dankte seinen beiden Begleitern freundlich und zärtlich, und der Abend ging ruhig herum. Oberlin bat ihn inständig, nicht mehr zu baden, die Nacht ruhig im Bette zu bleiben, und wenn er nicht schlafen könne, sich mit Gott zu unterhalten. Er versprachs und tat es so die folgende Nacht; die Mägde hörten ihn fast die ganze Nacht hindurch beten.

Den folgenden Morgen kam er mit vergnügter Miene auf Oberlins Zimmer. Nachdem sie verschiedenes gesprochen hatten, sagte er mit ausnehmender Freundlichkeit: »Liebster Herr Pfarrer, das Frauenzimmer, wovon ich Ihnen sagte, ist gestorben, ja, gestorben – der Engel!« – »Woher wissen Sie das?« – »Hieroglyphen, Hieroglyphen!« und dann zum Himmel geschaut und wieder: »Ja, gestorben – Hieroglyphen!« Es war dann nichts weiter aus ihm zu bringen. Er setzte sich und schrieb einige Briefe, gab sie sodann Oberlin mit der Bitte, einige Zeilen dazu zu setzen.

Sein Zustand war indessen immer trostloser geworden. Alles, was er an Ruhe aus der Nähe Oberlins und aus der Stille des Tals geschöpft hatte, war weg; die Welt, die er hatte nutzen wollen, hatte einen ungeheuern Riß; er hatte keinen Haß, keine Liebe, keine Hoffnung – eine schreckliche Leere, und doch eine folternde Unruhe, sie auszufüllen. Er hatte *nichts.* Was er tat, tat er nicht mit Bewußtsein, und doch zwang ihn ein innerlicher Instinkt. Wenn er allein war, war es ihm so entsetzlich einsam, daß er beständig laut mit sich redete, rief, und dann erschrak er wieder, und es war ihm, als hätte eine fremde Stimme mit ihm gesprochen. Im Gespräch stockte er oft, eine unbeschreibliche Angst befiel ihn, er hatte das Ende seines Satzes verloren; dann meinte er, er müsse das zuletzt gesprochene Wort behalten und immer sprechen, nur mit großer Anstrengung unterdrückte er diese Gelüste. Es bekümmerte die guten Leute tief, wenn er manchmal in ruhigen Augenblicken bei ihnen saß und unbefangen sprach, und er dann stockte und eine unaussprechliche Angst sich in seinen Zügen malte, er die Personen, die ihm zunächst saßen, krampfhaft am Arm faßte und erst nach und nach wieder zu sich kam. War er allein oder las er, wars noch ärger; all seine geistige Tätigkeit blieb manchmal in einem Gedanken hängen. Dachte er an eine fremde Person, oder stellte er sie sich lebhaft vor, so war es ihm, als würde er sie selbst; er verwirrte sich ganz, und dabei hatte er einen unendlichen Trieb, mit allem um ihn im Geiste unwillkürlich umzugehen – die Natur, Menschen, nur Oberlin ausgenommen, alles traumartig, kalt. Er amüsierte sich, die Häuser auf die Dächer zu stellen, die Menschen an- und auszukleiden, die wahnwitzigsten Possen auszusinnen. Manchmal fühlte er einen unwiderstehlichen Drang, das Ding, das er gerade im Sinne hatte, auszuführen, und dann schnitt er entsetzliche Fratzen. Einst saß er neben Oberlin, die Katze lag gegenüber auf einem Stuhl. Plötzlich wurden seine Augen starr, er hielt sie unverrückt auf das Tier gerichtet; dann glitt er langsam den Stuhl herunter, die Katze ebenfalls: sie war wie bezaubert von seinem Blick, sie geriet in ungeheure Angst, sie sträubte sich scheu; Lenz mit den nämlichen Tönen, mit fürchterlich entstelltem Gesicht; wie in Verzweiflung stürzten beide aufeinander los – da endlich erhob sich Madame Oberlin, um sie zu trennen. Dann war er wieder tief beschämt. Die Zufälle des Nachts steigerten sich aufs schrecklichste. Nur mit der größten Mühe schlief er ein, während er zuvor noch die schreckliche Leere zu füllen versucht hatte. Dann geriet er zwischen Schlaf und Wachen in einen entsetzlichen Zustand: er stieß an etwas Grauenhaftes, Entsetzliches, der Wahnsinn packte ihn; er fuhr mit fürchterlichem Schreien, in Schweiß gebadet, auf, und erst nach und nach fand er sich wieder. Er mußte dann mit den einfachsten Dingen anfangen, um wieder zu sich zu kommen. Eigentlich nicht er selbst tat es, sondern ein mächtiger Erhaltungstrieb: es war, als sei er doppelt, und der eine Teil suche den andern zu retten und riefe sich selbst zu; er erzählte, er sagte in der heftigsten Angst Gedichte her, bis er wieder zu sich kam.

Auch bei Tage bekam er diese Zufälle, sie waren dann noch schrecklicher; denn sonst hatte ihn die Helle davor bewahrt. Es war ihm dann, als existiere er allein, als bestünde die Welt nur in seiner Einbildung, als sei nichts als er; er sei das ewig Verdammte, der Satan, allein mit seinen folternden Vorstellungen. Er jagte mit rasender Schnelligkeit sein Leben durch, und dann sagte er: »Konsequent, konsequent«; wenn jemand was sprach: »Inkon-

sequent, inkonsequent« – es war die Kluft unrettbaren Wahn-
sinns, eines Wahnsinns durch die Ewigkeit.

Der Trieb der geistigen Erhaltung jagte ihn auf: er stürzte sich
in Oberlins Arme, er klammerte sich an ihn, als wolle er sich in
ihn drängen; er war das einzige Wesen, das für ihn lebte und
durch den ihm wieder das Leben offenbart wurde. Allmählich
brachten ihn Oberlins Worte dann zu sich; er lag auf den Knien
von Oberlin, seine Hände in den Händen Oberlins, sein mit kal-
tem Schweiß bedecktes Gesicht auf dessen Schoß, am ganzen
Leibe bebend und zitternd. Oberlin empfand unendliches Mit-
leid, die Familie lag auf den Knien und betete für den Unglück-
lichen, die Mägde flohen und hielten ihn für einen Besessenen.
Und wenn er ruhiger wurde, war es wie der Jammer eines Kin-
des: er schluchzte, er empfand ein tiefes, tiefes Mitleid mit sich
selbst; das waren auch seine seligsten Augenblicke. Oberlin
sprach ihm von Gott. Lenz wand sich ruhig los und sah ihn mit
einem Ausdruck unendlichen Leidens an, und sagte endlich:
»Aber ich, wär ich allmächtig, sehen Sie, wenn ich so wäre, ich
könnte das Leiden nicht ertragen, ich würde retten; ich will ja
nichts als Ruhe, Ruhe, nur ein wenig Ruhe, um schlafen zu kön-
nen.« Oberlin sagte, dies sei eine Profanation. Lenz schüttelte
trostlos mit dem Kopfe.

Die halben Versuche zum Entleiben, die er indes fortwährend
machte, waren nicht ganz ernst. Es war weniger der Wunsch des
Todes – für ihn war ja keine Ruhe und Hoffnung im Tode –, es
war mehr in Augenblicken der fürchterlichsten Angst oder der
dumpfen, ans Nichtsein grenzenden Ruhe ein Versuch, sich zu
sich selbst zu bringen durch physischen Schmerz. Augenblicke,
worin sein Geist sonst auf irgendeiner wahnwitzigen Idee zu
reiten schien, waren noch die glücklichsten. Es war doch ein we-
nig Ruhe, und sein wirrer Blick war nicht so entsetzlich, als die
nach Rettung dürstende Angst, die ewige Qual der Unruhe! Oft
schlug er sich den Kopf an die Wand oder verursachte sich sonst
einen heftigen physischen Schmerz.

Den 8. morgen blieb er im Bette, Oberlin ging hinauf; er lag fast nackt auf dem Bette und war heftig bewegt. Oberlin wollte ihn zudecken, er klagte aber sehr, wie schwer alles sei, so schwer! er glaube gar nicht, daß er gehen könne; jetzt endlich empfinde er die ungeheure Schwere der Luft. Oberlin sprach ihm Mut zu. Er blieb aber in seiner frühern Lage und blieb den größten Teil des Tages so, auch nahm er keine Nahrung zu sich.

Gegen Abend wurde Oberlin zu einem Kranken nach Belle-fosse gerufen. Es war gelindes Wetter und Mondschein. Auf dem Rückweg begegnete ihm Lenz. Er schien ganz vernünftig und sprach ruhig und freundlich mit Oberlin. Der bat ihn, nicht zu weit zu gehen; er versprachs. Im Weggehn wandte er sich plötz-lich um und trat wieder ganz nahe zu Oberlin und sagte rasch: »Sehn Sie, Herr Pfarrer, wenn ich das nur nicht mehr hören müßte, mir wäre geholfen.« – »Was denn, mein Lieber?« – »Hören Sie denn nichts? hören Sie denn nicht die entsetzliche Stimme, die um den ganzen Horizont schreit und die man ge-wöhnlich die Stille heißt? Seit ich in dem stillen Tal bin, hör ichs immer, es läßt mich nicht schlafen; ja, Herr Pfarrer, wenn ich wieder einmal schlafen könnte!« Er ging dann kopfschüttelnd weiter.

Oberlin ging zurück nach Waldbach und wollte ihm jemand nachschicken, als er ihn die Stiege herauf in sein Zimmer gehen hörte. Einen Augenblick darauf platzte etwas im Hof mit so star-kem Schall, daß es Oberlin unmöglich von dem Fall eines Men-schen herkommen zu können schien. Die Kindsmagd kam tod-blaß und ganz zitternd ...

Er saß mit kalter Resignation im Wagen, wie sie das Tal hervor nach Westen fuhren. Es war ihm einerlei, wohin man ihn führte. Mehrmals, wo der Wagen bei dem schlechten Wege in Gefahr geriet, blieb er ganz ruhig sitzen; er war vollkommen gleichgül-tig. In diesem Zustand legte er den Weg durchs Gebirge zurück. Gegen Abend waren sie im Rheintale. Sie entfernten sich allmählich vom Gebirg, das nun wie eine tiefblaue Kristallwelle sich in das Abendrot hob, und auf deren warmer Flut die roten Strahlen des Abends spielten; über die Ebene hin am Fuße des Gebirgs lag ein schimmerndes, bläuliches Gespinst. Es wurde finster, je mehr sie sich Straßburg näherten; hoher Vollmond, alle fernen Gegenstände dunkel, nur der Berg neben bildete eine scharfe Linie; die Erde war wie ein goldner Pokal, über den schäumend die Goldwellen des Mondes liefen. Lenz starrte ruhig hinaus, keine Ahnung, kein Drang; nur wuchs eine dumpfe Angst in ihm, je mehr die Gegenstände sich in der Finsternis verloren. Sie mußten einkehren. Da machte er wieder mehrere Versuche, Hand an sich zu legen, war aber zu scharf bewacht.

Am folgenden Morgen, bei trübem, regnerischem Wetter, traf er in Straßburg ein. Er schien ganz vernünftig, sprach mit den Leuten. Er tat alles, wie es die andern taten; es war aber eine entsetzliche Leere in ihm, er fühlte keine Angst mehr, kein Verlangen, sein Dasein war ihm eine notwendige Last. –

So lebte er hin …

Leonce und Lena

Ein Lustspiel

Personen

KÖNIG PETER vom Reich Popo
PRINZ LEONCE, sein Sohn, verlobt mit
PRINZESSIN LENA vom Reich Pipi
VALERIO
DIE GOUVERNANTE
DER HOFMEISTER
DER ZEREMONIENMEISTER
DER PRÄSIDENT DES STAATSRATS
DER HOFPREDIGER

DER LANDRAT
DER SCHULMEISTER
ROSETTA

Bediente, Staatsräte, Bauern etc.

Erster Akt

O wär ich doch ein Narr!
Mein Ehrgeiz geht auf eine bunte Jacke.
Wie es euch gefällt.

Erste Szene

Ein Garten.
Leonce halb ruhend auf einer Bank. Der Hofmeister.

LEONCE. Mein Herr, was wollen Sie von mir? Mich auf meinen Beruf vorbereiten? Ich habe alle Hände voll zu tun, ich weiß mir vor Arbeit nicht zu helfen. – Sehen Sie, erst habe ich auf den Stein hier dreihundertfünfundsechzigmal hintereinander zu spucken. Haben Sie das noch nicht probiert? Tun Sie es, es gewährt eine ganz eigne Unterhaltung. Dann – sehen Sie diese Handvoll Sand? *(Er nimmt Sand auf, wirft ihn in die Höhe und fängt ihn mit dem Rücken der Hand wieder auf.)* Jetzt werf ich sie in die Höhe. Wollen wir wetten? Wieviel Körnchen hab ich jetzt auf dem Handrücken? Grad oder ungrad? – Wie? Sie wollen nicht wetten? Sind Sie ein Heide? Glauben Sie an Gott? Ich wette gewöhnlich mit mir selbst, und kann es tagelang so treiben. Wenn Sie einen Menschen aufzutreiben wissen, der Lust hätte, manchmal mit mir zu wetten, so werden Sie mich sehr verbinden. Dann – habe ich nachzudenken, wie es wohl angehn mag, daß ich mir auf den Kopf sehe. O, wer sich einmal auf den Kopf sehen könnte! Das ist eins von meinen Idealen. Mir wäre geholfen. Und dann – und dann noch unendlich viel der Art. – Bin ich ein Müßiggänger? Habe ich jetzt keine Beschäftigung? – Ja, es ist traurig …
HOFMEISTER. Sehr traurig, Euer Hoheit.
LEONCE. Daß die Wolken schon seit drei Wochen von Westen nach Osten ziehen. Es macht mich ganz melancholisch.

HOFMEISTER. Eine sehr gegründete Melancholie.

LEONCE. Mensch, warum widersprechen Sie mir nicht? Sie haben dringende Geschäfte, nicht wahr? Es ist mir leid, daß ich Sie so lange aufgehalten habe. *(Der Hofmeister entfernt sich mit einer tiefen Verbeugung.)* Mein Herr, ich gratuliere Ihnen zu der schönen Paranthese, die Ihre Beine machen, wenn Sie sich verbeugen.

LEONCE *(allein, streckt sich auf der Bank aus).* Die Bienen sitzen so träg an den Blumen, und der Sonnenschein liegt so faul auf dem Boden. Es grassiert ein entsetzlicher Müßiggang. – Müßiggang ist aller Laster Anfang. – Was die Leute nicht alles aus Langeweile treiben! Sie studieren aus Langeweile, sie beten aus Langeweile, sie verlieben, verheiraten und vermehren sich aus Langeweile und sterben endlich aus Langeweile, und – und das ist der Humor davon – alles mit den wichtigsten Gesichtern, ohne zu merken, warum, und meinen Gott weiß was dazu. Alle diese Helden, diese Genies, diese Dummköpfe, diese Heiligen, diese Sünder, diese Familienväter sind im Grunde nichts als raffinierte Müßiggänger. – Warum muß ich es grade wissen? Warum kann ich mir nicht wichtig werden und der armen Puppe einen Frack anziehen und einen Regenschirm in die Hand geben, daß sie sehr rechtlich und sehr nützlich und sehr moralisch würde? – Der Mann, der eben von mir ging, ich beneidete ihn, ich hätte ihn aus Neid prügeln mögen. O, wer einmal jemand anders sein könnte! Nur 'ne Minute lang. – *(Valerio, etwas betrunken, tritt auf.)* Wie der Mensch läuft! Wenn ich nur etwas unter der Sonne wüßte, was mich noch könnte laufen machen.

VALERIO *(stellt sich dicht vor den Prinzen, legt den Finger an die Nase und sieht ihn starr an).* Ja!

LEONCE *(ebenso).* Richtig!

VALERIO. Haben Sie mich begriffen?

LEONCE. Vollkommen.

VALERIO. Nun, so wollen wir von etwas anderm reden. *(Er legt sich ins Gras.)* Ich werde mich indessen in das Gras legen und meine Nase oben zwischen den Halmen herausblühen lassen und romantische Empfindungen beziehen, wenn die Bienen und Schmetterlinge sich darauf wiegen wie auf einer Rose.

LEONCE. Aber Bester, schnaufen Sie nicht so stark, oder die Bienen und Schmetterlinge müssen verhungern über den ungeheuren Prisen, die Sie aus den Blumen ziehen.

VALERIO. Ach Herr, was ich ein Gefühl für die Natur habe! Das Gras steht so schön, daß man ein Ochs sein möchte, um es fressen zu können, und dann wieder ein Mensch, um den Ochsen zu essen, der solches Gras gefressen.

LEONCE. Unglücklicher, Sie scheinen auch an Idealen zu laborieren.

VALERIO. Es ist ein Jammer! Man kann keinen Kirchturm herunterspringen, ohne den Hals zu brechen. Man kann keine vier Pfund Kirschen mit den Steinen essen, ohne Leibweh zu kriegen. Seht, Herr, ich könnte mich in eine Ecke setzen und singen vom Abend bis zum Morgen: »Hei, da sitzt e Fleig an der Wand! Fleig an der Wand! Fleig an der Wand!« und so fort bis zum Ende meines Lebens.

LEONCE. Halts Maul mit deinem Lied, man könnte darüber ein Narr werden.

VALERIO. So wäre man doch etwas. Ein Narr! Ein Narr! Wer will mir seine Narrheit gegen meine Vernunft verhandeln? – Ha, ich bin Alexander der Große! Wie mir die Sonne eine goldne Krone in die Haare scheint, wie meine Uniform blitzt! Herr Generalissimus Heupferd, lassen Sie die Truppen anrücken! Herr Finanzminister Kreuzspinne, ich brauche Geld! Liebe Hofdame Libelle, was macht meine teure Gemahlin Bohnenstange? Ach bester Herr Leibmedicus Kantharide, ich bin um einen Erbprinzen verlegen. Und zu diesen köstlichen Phantasien bekommt man gute Suppe, gutes Fleisch, gutes Brot, ein gutes Bett und das Haar umsonst geschoren – im Narrenhaus nämlich –, während ich mit meiner gesunden Vernunft mich höchstens noch zur Beförderung der Reife auf einen Kirschbaum verdingen könnte, um – nun? – um?

LEONCE. Um die Kirschen durch die Löcher in deinen Hosen schamrot zu machen! Aber, Edelster, dein Handwerk, deine Profession, dein Gewerbe, dein Stand, deine Kunst?

VALERIO *(mit Würde)*. Herr, ich habe die große Beschäftigung, müßig zu gehen; ich habe eine ungemeine Fertigkeit im Nichts-tun; ich besitze eine ungeheure Ausdauer in der Faulheit. Keine Schwiele schändet meine Hände, der Boden hat noch keinen Tropfen von meiner Stirne getrunken, ich bin noch Jungfrau in der Arbeit; und wenn es mir nicht der Mühe zuviel wäre, würde ich mir die Mühe nehmen, Ihnen diese Verdienste weitläufiger auseinanderzusetzen.

LEONCE *(mit komischem Enthusiasmus)*. Komm an meine Brust! Bist du einer von den Göttlichen, welche mühelos mit reiner Stirne durch den Schweiß und Staub über die Heerstraße des Lebens wandeln, und mit glänzenden Sohlen und blühenden Leibern gleich seligen Göttern in den Olymp treten? Komm! Komm!

VALERIO *(singt im Abgehen)*. Hei, da sitzt e Fleig an der Wand! Fleig an der Wand! Fleig an der Wand!

Beide Arm in Arm ab.

Zweite Szene

Ein Zimmer.
König Peter wird von zwei Kammerdienern angekleidet.

PETER *(während er angekleidet wird)*. Der Mensch muß denken, und ich muß für meine Untertanen denken; denn sie denken nicht, sie denken nicht. – Die Substanz ist das An-sich, das bin ich. *(Er läuft fast nackt im Zimmer herum.)* Begriffen? An-sich ist an sich, versteht ihr? Jetzt kommen meine Attribute, Modifikationen, Affektionen und Akzidenzien: wo ist mein Hemd, meine Hose? – Halt, pfui! der freie Wille steht da vorn ganz offen. Wo ist die Moral: wo sind die Manschetten? Die Kategorien sind in der schändlichsten Verwirrung: es sind zwei Knöpfe zuviel zugeknöpft, die Dose steckt in der rechten Tasche; mein ganzes System ist ruiniert. – Ha, was bedeutet der Knopf im Schnupftuch? Kerl, was bedeutet der Knopf, an was wollte ich mich erinnern?

ERSTER KAMMERDIENER. Als Eure Majestät diesen Knopf in Ihr Schnupftuch zu knüpfen geruhten, so wollten Sie –

KÖNIG. Nun?

ERSTER KAMMERDIENER. Sich an etwas erinnern.

PETER. Eine verwickelte Antwort! – Ei! Nun, und was meint Er?

ZWEITER KAMMERDIENER. Eure Majestät wollten sich an etwas erinnern, als Sie diesen Knopf in Ihr Schnupftuch zu knüpfen geruhten.

PETER *(läuft auf und ab).* Was? Was? Die Menschen machen mich konfus, ich bin in der größten Verwirrung. Ich weiß mir nicht mehr zu helfen.

Ein Diener tritt auf.

DIENER. Eure Majestät, der Staatsrat ist versammelt.

PETER *(freudig).* Ja, das ists, das ists: Ich wollte mich an mein Volk erinnern. – Kommen Sie, meine Herren! Gehen Sie symmetrisch. Ist es nicht sehr heiß? Nehmen Sie doch auch Ihre Schnupftücher und wischen Sie sich das Gesicht! Ich bin immer so in Verlegenheit, wenn ich öffentlich sprechen soll. *(Alle ab.)*

König Peter. Der Staatsrat.

PETER. Meine Lieben und Getreuen, ich wollte euch hiermit kund und zu wissen tun, kund und zu wissen tun – denn, entweder verheiratet sich mein Sohn, oder nicht – *(legt den Finger an die Nase)* – entweder, oder – ihr versteht mich doch? Ein Drittes gibt es nicht. Der Mensch muß denken. *(Steht eine*

Zeitlang sinnend.) Wenn ich so laut rede, so weiß ich nicht, wer es eigentlich ist, ich oder ein anderer; das ängstigt mich. *(Nach langem Besinnen.)* Ich bin ich. – Was halten Sie davon, Präsident?

PRÄSIDENT *(gravitätisch langsam)*. Eure Majestät, vielleicht ist es so, vielleicht ist es aber auch nicht so.

DER GANZE STAATSRAT IM CHOR. Ja, vielleicht ist es so, vielleicht ist es aber auch nicht so.

PETER *(mit Rührung)*. O meine Weisen! – Also von was war eigentlich die Rede? Von was wollte ich sprechen? Präsident, was haben Sie ein so kurzes Gedächtnis bei einer so feierlichen Gelegenheit? Die Sitzung ist aufgehoben.

Er entfernt sich feierlich, der ganze Staatsrat folgt ihm.

Dritte Szene

Ein reichgeschmückter Saal. Kerzen brennen.
Leonce mit einigen Dienern.

LEONCE. Sind alle Läden geschlossen? Zündet die Kerzen an! Weg mit dem Tag! Ich will Nacht, tiefe ambrosische Nacht. Stellt die Lampen unter Kristallglocken zwischen die Oleander, daß sie wie Mädchenaugen unter den Wimpern der Blätter hervorträumen. Rückt die Rosen näher, daß der Wein wie Tautropfen auf die Kelche sprudle. Musik! Wo sind die Violinen? Wo ist die Rosetta? – Fort! Alle hinaus! *(Die Diener gehen ab. Leonce streckt sich auf ein Ruhebett.)*

Rosetta, zierlich gekleidet, tritt ein. Man hört Musik aus der Ferne.

ROSETTA nähert sich schmeichelnd. Leonce!
LEONCE. Rosetta!
ROSETTA. Leonce!

LEONCE. Rosetta!

ROSETTA. Deine Lippen sind träg. Vom Küssen?

LEONCE. Vom Gähnen!

ROSETTA. Oh!

LEONCE. Ach Rosetta, ich habe die entsetzliche Arbeit …

ROSETTA. Nun?

LEONCE. Nichts zu tun …

ROSETTA. Als zu lieben?

LEONCE. Freilich Arbeit!

ROSETTA *(beleidigt).* Leonce!

LEONCE. Oder Beschäftigung.

ROSETTA. Oder Müßiggang.

LEONCE. Du hast recht wie immer. Du bist ein kluges Mädchen, und ich halte viel auf deinen Scharfsinn.

ROSETTA. So liebst du mich aus Langeweile?

LEONCE. Nein, ich habe Langeweile, weil ich dich liebe. Aber ich liebe meine Langeweile wie dich. Ihr seid eins. O dolce far niente! Ich träume über deinen Augen wie an wunderheimlichen tiefen Quellen, das Kosen deiner Lippen schläfert mich ein wie Wellenrauschen. *(Er umfaßt sie.)* Komm, liebe Langeweile, deine Küsse sind ein wollüstiges Gähnen, und deine Schritte sind ein zierliches Hiatus.

ROSETTA. Du liebst mich, Leonce?

LEONCE. Ei warum nicht?

Rosetta. Und immer?

LEONCE. Das ist ein langes Wort: immer! Wenn ich dich nun noch fünftausend Jahre und sieben Monate liebe, ists genug? Es ist zwar viel weniger als immer, ist aber doch eine erkleckliche Zeit, und wir können uns Zeit nehmen, uns zu lieben.

ROSETTA. Oder die Zeit kann uns das Lieben nehmen.

LEONCE. Oder das Lieben uns die Zeit. Tanze, Rosetta, tanze, daß die Zeit mit dem Takt deiner niedlichen Füße geht!

ROSETTA. Meine Füße gingen lieber aus der Zeit.

Sie tanzt und singt.

O meine müden Füße, ihr müßt tanzen
In bunten Schuhen,
Und möchtet lieber tief, tief
Im Boden ruhen.

O meine heißen Wangen, ihr müßt glühen
Im wilden Kosen,
Und möchtet lieber blühen –
Zwei weiße Rosen.

O meine armen Augen, ihr müßt blitzen
Im Strahl der Kerzen,
Und schlieft im Dunkel lieber aus
Von euren Schmerzen.

LEONCE *(indes träumend vor sich hin)*. O, eine sterbende Liebe ist schöner als eine werdende. Ich bin ein Römer; bei dem köstlichen Mahle spielen zum Dessert die goldnen Fische in ihren Todesfarben. Wie ihr das Rot von den Wangen stirbt, wie still das Auge ausglüht, wie leis das Wogen ihrer Glieder steigt und fällt! Adio, adio, meine Liebe, ich will deine Leiche lieben. *(Rosetta nähert sich ihm wieder.)* Tränen, Rosetta? Ein feiner Epikuräismus, weinen zu können. Stelle dich in die Sonne, damit die köstlichen Tropfen kristallisieren, es muß prächtige Diamanten geben. Du kannst die ein Halsband daraus machen lassen.

ROSETTA. Wohl Diamanten, sie schneiden mir in die Augen. Ach, Leonce! *(Will ihn umfassen.)*

LEONCE. Gib acht! Mein Kopf! Ich habe unsere Liebe darin beigesetzt. Sieh zu den Fenstern meiner Augen hinein! Siehst du, wie schön tot das arme Ding ist? Siehst du die zwei weißen Rosen auf seinen Wangen und die zwei roten auf seiner Brust? Stoß mich nicht, daß ihm kein Ärmchen abbricht, es wäre schade. Ich muß meinen Kopf gerade auf den Schultern tragen, wie die Totenfrau einen Kindersarg.

ROSETTA *(scherzend)*. Narr!

LEONCE. Rosetta! *(Rosetta macht ihm eine Fratze.)* Gott sei Dank! *(Hält sich die Augen zu.)*

ROSETTA *(erschrocken)*. Leonce, sieh mich an!

LEONCE. Um keinen Preis!

ROSETTA. Nur einen Blick!

LEONCE. Keinen! Was meinst du: um ein klein wenig, und meine liebe Liebe käme wieder auf die Welt. Ich bin froh, daß ich sie begraben habe. Ich behalte den Eindruck.

ROSETTA *(entfernt sich traurig und langsam, sie singt im Abgehn)*.

> Ich bin eine arme Waise,
> Ich fürchte mich ganz allein.
> Ach, lieber Gram –
> Willst du nicht kommen mit mir heim?

LEONCE *(allein)*. Ein sonderbares Ding um die Liebe. Man liegt ein Jahr lang schlafwachend zu Bette, und an einem schönen Morgen wacht man auf, trinkt ein Glas Wasser, zieht seine Kleider an und fährt sich mit der Hand über die Stirn und besinnt sich – und besinnt sich. – Mein Gott, wie viel Weiber hat man nötig, um die Skala der Liebe auf und ab zu singen? Kaum, daß eine einen Ton ausfüllt. Warum ist der Dunst über unsrer Erde ein Prisma, das den weißen Glutstrahl der Liebe in einen Regenbogen bricht? – *(Er trinkt.)* In welcher Bouteille steckt denn der Wein, an dem ich mich heute betrinken soll? Bringe ich es nicht einmal mehr so weit? Ich sitze wie unter einer Luftpumpe. Die Luft so scharf und dünn, daß mich friert, als sollte ich in Nankinghosen Schlittschuh laufen. – Meine Herren, meine Herren, wißt ihr auch, was Caligula und Nero waren? Ich weiß es. – Komm, Leonce, halte mir einen Monolog, ich will zuhören. Mein Leben gähnt mich an wie ein großer weißer Bogen

Papier, den ich vollschreiben soll, aber ich bringe keinen Buchstaben heraus. Mein Kopf ist ein leerer Tanzsaal, einige verwelkte Rosen und zerknitterte Bänder auf dem Boden, geborstene Violinen in der Ecke, die letzten Tänzer haben die Masken abgenommen und sehen mit todmüden Augen einander an. Ich stülpe mich jeden Tag vierundzwanzigmal herum wie einen Handschuh. O, ich kenne mich, ich weiß, was ich in einer Viertelstunde, was ich in acht Tagen, was ich in einem Jahr denken und träumen werde. Gott, was habe ich denn verbrochen, daß du mich wie einen Schulbuben meine Lektion so oft hersagen läßt? –

Bravo, Leonce! Bravo! *(Er klatscht.)* Es tut mir ganz wohl, wenn ich mir so rufe. He, Leonce! Leonce!

VALERIO *(unter einem Tisch hervor).* Eure Hoheit scheint mir wirklich auf dem besten Weg, ein wahrhaftiger Narr zu werden.

LEONCE. Ja, beim Licht besehen, kommt es mir eigentlich ebenso vor.

VALERIO. Warten Sie, wir wollen uns darüber sogleich ausführlicher unterhalten! Ich habe nur noch ein Stück Braten zu verzehren, das ich aus der Küche, und etwas Wein, den ich von Ihrem Tische gestohlen. Ich bin gleich fertig.

LEONCE. Das schmatzt! Der Kerl verursacht mir ganz idyllische Empfindungen; ich könnte wieder mit dem Einfachsten anfangen, ich könnte Käs essen, Bier trinken, Tabak rauchen. Mach fort, grunze nicht so mit deinem Rüssel, und klappre mit deinen Hauern nicht so!

VALERIO. Wertester Adonis, sind Sie in Angst um Ihre Schenkel? Sein Sie unbesorgt, ich bin weder ein Besenbinder noch ein Schulmeister; ich brauche keine Gerten zu Ruten.

LEONCE. Du bleibst nichts schuldig.

VALERIO. Ich wollte, es ginge meinem Herrn ebenso.

LEONCE. Meinst du, damit du zu deinen Prügeln kämst? Bist du so besorgt um deine Erziehung?

VALERIO. O Himmel, man kömmt leichter zu seiner Erzeugung

als zu seiner Erziehung. Es ist traurig, in welche Umstände einen anderer Umstände versetzen können! Was für Wochen hab ich erlebt, seit meine Mutter in die Wochen kam! Wie viel Gutes hab ich empfangen, das ich meiner Empfängnis zu danken hätte?

LEONCE. Was deine Empfänglichkeit betrifft, so könnte sie es nicht besser treffen, um getroffen zu werden. Drück dich besser aus, oder willst du den unangenehmsten Eindruck von meinem Nachdruck haben.

VALERIO. Als meine Mutter um das Vorgebirg der guten Hoffnung schiffte ...

LEONCE. Und dein Vater am Kap Horn Schiffbruch litt ...

VALERIO. Richtig, denn er war Nachtwächter. Doch setzte er das Horn nicht so oft an die Lippen als die Väter edler Söhne an die Stirn.

LEONCE. Mensch, du besitzest eine himmlische Unverschämtheit. Ich fühle ein gewisses Bedürfnis, mich in nähere Berührung mit ihr zu setzen. Ich habe eine große Passion, dich zu prügeln

VALERIO. Das ist eine schlagende Antwort und ein triftiger Beweis.

LEONCE *(geht auf ihn los)*. Oder du bist eine geschlagene Antwort. Denn du bekommst Prügel für deine Antwort.

VALERIO *(läuft weg, Leonce stolpert und fällt)*. Und Sie sind ein Beweis, der noch geführt werden muß; denn er fällt über seine eigenen Beine, die im Grund genommen selbst noch zu beweisen sind. Es sind höchst unwahrscheinliche Waden und sehr problematische Schenkel.

Der Staatsrat tritt auf. Leonce bleibt auf dem Boden sitzen.
Valerio.

PRÄSIDENT. Eure Hoheit verzeihen ...

LEONCE. Wie mir selbst! Wie mir selbst! Ich verzeihe mir die Gutmütigkeit, Sie anzuhören. Meine Herren, wollen Sie nicht

Platz nehmen? – Was die Leute für Gesichter machen, wenn sie das Wort »Platz« hören! Setzen Sie sich nur auf den Boden und genieren Sie sich nicht! Es ist doch der letzte Platz, den Sie einst erhalten, aber er trägt niemanden etwas ein – außer dem Totengräber.

PRÄSIDENT *(verlegen mit den Fingern schnipsend).* Geruhen Eure Hoheit …

LEONCE. Aber schnipsen Sie nicht so mit den Fingern, wenn Sie mich nicht zum Mörder machen wollen!

PRÄSIDENT *(immer stärker schnipsend).* Wollen gnädigst, in Betracht …

LEONCE. Mein Gott, stecken Sie doch die Hände in die Hosen, oder setzen Sie sich darauf! Er ist ganz aus der Fassung. Sammeln Sie sich!

VALERIO. Man darf Kinder nicht während des P… unterbrechen, sie bekommen sonst eine Verhaltung.

LEONCE. Mann, fassen Sie sich! Bedenken Sie Ihre Familie und den Staat! Sie riskieren einen Schlagfluß, wenn Ihnen Ihre Rede zurücktritt.

PRÄSIDENT *(zieht ein Papier aus der Tasche).* Erlauben Eure Hoheit …

LEONCE. Was? Sie können schon lesen? Nun denn …

PRÄSIDENT. Daß man der zu erwartenden Ankunft von Eurer Hoheit verlobter Braut, der durchlauchtigsten Prinzessin Lena von Pipi, auf morgen sich zu gewärtigen habe, davon läßt Ihro königliche Majestät Eure Hoheit benachrichtigen.

LEONCE. Wenn meine Braut mich erwartet, so werde ich ihr den Willen tun und sie auf mich warten lassen. Ich habe sie gestern nacht im Traum gesehen, sie hatte ein paar Augen, so groß, daß die Tanzschuhe meiner Rosetta zu Augenbrauen darüber gepaßt hätten, und auf den Wangen waren keine Grübchen, sondern ein paar Abzugsgräben für das Lachen. Ich glaube an Träume. Träumen Sie auch zuweilen, Herr Präsident? Haben Sie auch Ahnungen?

VALERIO. Versteht sich. Immer die Nacht vor dem Tag, an dem ein Braten verbrennt, ein Kapaun krepiert oder Ihre königliche Majestät Leibweh bekommt.

LEONCE. Apropos, hatten Sie nicht noch etwas auf der Zunge? Geben Sie nur alles von sich.

PRÄSIDENT. An dem Tage der Vermählung ist ein höchster Wille gesonnen, seine allerhöchsten Willensäußerungen in die Hände Eurer Hoheit niederzulegen.

LEONCE. Sagen Sie einem höchsten Willen, daß ich alles tun werde, das ausgenommen, was ich werde bleiben lassen, was aber jedenfalls nicht so viel sein wird, als wenn es noch einmal so viel wäre. – Meine Herren, Sie entschuldigen, daß ich Sie nicht begleite, ich habe gerade die Passion zu sitzen, aber meine Gnade ist so groß, daß ich sie mit den Beinen kaum ausmessen kann. *(Er spreizt die Beine auseinander.)* Herr Präsident, nehmen Sie doch das Maß, damit Sie mich später daran erinnern. Valerio, gibt den Herren das Geleite!

VALERIO. Das Geläute? Soll ich dem Herrn Präsidenten eine Schelle anhängen? Soll ich sie führen, als ob sie auf allen vieren gingen?

LEONCE. Mensch, du bist nichts als ein schlechtes Wortspiel. Du hast weder Vater noch Mutter, sondern die fünf Vokale haben dich miteinander erzeugt.

VALERIO. Und Sie, Prinz, sind ein Buch ohne Buchstaben, mit nichts als Gedankenstrichen. – Kommen Sie jetzt, meine Herren! Es ist eine traurige Sache um das Wort »kommen«. Will man ein Einkommen, so muß man stehlen; an ein Aufkommen ist nicht zu denken, als wenn man sich hängen läßt; ein Unterkommen findet man erst, wenn man begraben wird, und ein Auskommen hat man jeden Augenblick mit seinem Witz, wenn man nichts mehr zu sagen weiß, wie ich zum Beispiel eben, und Sie, ehe Sie noch etwas gesagt haben. Ihr Abkommen haben Sie gefunden und Ihr Fortkommen werden Sie jetzt zu suchen ersucht. *(Staatsrat und Valerio ab.)*

LEONCE *(allein).* Wie gemein ich mich zum Ritter an den armen
 Teufeln gemacht habe! Es steckt nun aber doch einmal ein ge-
 wisser Genuß in einer gewissen Gemeinheit. – Hm! Heiraten!
 Das heißt einen Ziehbrunnen leer trinken. O Shandy, alter
 Shandy, wer mir deine Uhr schenkte! – *(Valerio kommt zu-
 rück.)* Ach, Valerio, hast du es gehört?

VALERIO. Nun, Sie sollen König werden. Das ist eine lustige Sa-
 che. Man kann den ganzen Tag spazieren fahren und den Leu-
 ten die Hüte verderben durchs viele Abziehen; man kann aus
 ordentlichen Menschen ordentliche Soldaten ausschneiden, so
 daß alles ganz natürlich wird; man kann schwarze Fräcke und
 weiße Halsbinden zu Staatsdienern machen; und wenn man
 stirbt, so laufen alle blanken Knöpfe blau an, und die Glok-
 kenstricke reißen wie Zwirnsfäden vom vielen Läuten. Ist das
 nicht unterhaltend?

LEONCE. Valerio! Valerio! Wir müssen was anderes treiben. Ra-
 te!

VALERIO. Ach, die Wissenschaft, die Wissenschaft! Wir wollen
 Gelehrte werden! A priori? oder a posteriori?

LEONCE. A priori, das muß man bei meinem Herrn Vater ler-
 nen; und a posteriori fängt alles an, wie ein altes Märchen: es
 war einmal.

VALERIO. So wollen wir Helden werden! *(Er marschiert trompe-
 tend und trommelnd auf und ab.)* Trom – trom – pläre – plem!

LEONCE. Aber der Heroismus fuselt abscheulich und bekommt
 das Lazarettfieber und kann ohne Leutnants und Rekruten
 nicht bestehen. Pack dich mit deiner Alexanders- und Napo-
 leonsromantik!

VALERIO. So wollen wir Genies werden!

LEONCE. Die Nachtigall der Poesie schlägt den ganzen Tag über
 unserm Haupt, aber das Feinste geht zum Teufel, bis wir ihr
 die Federn ausreißen und in die Tinte oder die Farbe tauchen.

VALERIO. So wollen wir nützliche Mitglieder der menschlichen
 Gesellschaft werden!

LEONCE. Lieber möchte ich meine Demission als Mensch ge-
ben.

VALERIO. So wollen wir zum Teufel gehen!

LEONCE. Ach, der Teufel ist nur des Kontrastes wegen da, damit
wir begreifen sollen, daß am Himmel doch eigentlich etwas sei.
(Aufspringend.) Ah, Valerio, Valerio, jetzt hab ichs! Fühlst du
nicht das Wehen aus Süden? Fühlst du nicht, wie der tiefblaue,
glühende Äther auf und ab wogt, wie das Licht blitzt von dem
goldnen, sonnigen Boden, von der heiligen Salzflut und von
den Marmorsäulen und -leibern? Der große Pan schläft, und
die ehernen Gestalten träumen im Schatten über den tiefrau-
schenden Wellen von dem alten Zaubrer Virgil, von Tarantella
und Tamburin und tiefen, tollen Nächten voll Masken, Fackeln
und Gitarren. Ein Lazzaroni! Valerio, ein Lazzaroni! Wir ge-
hen nach Italien.

Vierte Szene

Ein Garten.
Prinzessin Lena im Brautschmuck. Die Gouvernante.

LENA. Ja, jetzt! Da ist es. Ich dachte die Zeit an nichts. Es ging
so hin, und auf einmal richtet sich der Tag vor mir auf. Ich ha-
be den Kranz im Haar – und die Glocken, die Glocken! *(Sie
lehnt sich zurück und schließt die Augen.)* Sieh, ich wollte, der
Rasen wüchse so über mich, und die Bienen summten über
mir hin; sieh, jetzt bin ich eingekleidet und habe Rosmarin im
Haar. Gibt es nicht ein altes Lied:

> Auf dem Kirchhof will ich liegen,
> Wie ein Kindlein in der Wiegen.

GOUVERNANTE. Armes Kind, wie Sie bleich sind unter Ihren
blitzenden Steinen!

LENA. O Gott, ich könnte lieben, warum nicht? Man geht ja so einsam und tastet nach einer Hand, die einen hielte, bis die Leichenfrau die Hände auseinander nähme und sie jedem über der Brust faltete. Aber warum schlägt man einen Nagel durch zwei Hände, die sich nicht suchten? Was hat meine arme Hand getan? *(Sie zieht einen Ring vom Finger.)* Dieser Ring sticht mich wie eine Natter.

GOUVERNANTE. Aber – er soll ja ein wahrer Don Carlos sein!

LENA. Aber – ein Mann ...

GOUVERNANTE. Nun?

LENA. Den man nicht liebt. *(Sie erhebt sich.)* Pfui! Siehst du, ich schäme mich. – Morgen ist aller Duft und Glanz von mir gestreift. Bin ich denn wie die arme, hülflose Quelle, die jedes Bild, das sich über sie bückt, in ihrem stillen Grund abspiegeln muß? Die Blumen öffnen und schließen, wie sie wollen, ihre Kelche der Morgensonne und dem Abendwind. Ist denn die Tochter eines Königs weniger als eine Blume?

GOUVERNANTE *(weinend).* Lieber Engel, du bist doch ein wahres Opferlamm!

LENA. Jawohl, und der Priester hebt schon das Messer. – Mein Gott, mein Gott, ist es denn wahr, daß wir uns selbst erlösen müssen mit unserm Schmerz? Ist es denn wahr, die Welt sei ein gekreuzigter Heiland, die Sonne seine Dornenkrone, und die Sterne die Nägel und Sperre in seinen Füßen und Lenden?

GOUVERNANTE. Mein Kind, mein Kind! Ich kann dich nicht so sehen. Es kann nicht so gehen, es tötet dich. – Vielleicht, wer weiß! Ich habe so etwas im Kopf. Wir wollen sehen. Komm! *(Sie führt die Prinzessin weg.)*

Zweiter Akt

Wie ist mir eine Stimme doch erklungen
Im tiefsten Innern,
Und hat mit einem Male mir verschlungen
All mein Erinnern.

Adelbert von Chamisso

Erste Szene

Freies Feld. Ein Wirtshaus im Hintergrund.
Leonce und Valerio, der einen Pack trägt, treten auf.

VALERIO *(keuchend).* Auf Ehre, Prinz, die Welt ist doch ein un-
geheuer weitläufiges Gebäude.

LEONCE. Nicht doch! Nicht doch! Ich wage kaum die Hände
auszustrecken, wie in einem engen Spiegelzimmer, aus Furcht,
überall anzustoßen, daß die schönen Figuren in Scherben auf
dem Boden lägen und ich vor der kahlen nackten Wand stünde.

VALERIO. Ich bin verloren.

LEONCE. Da wird niemand einen Verlust dabei haben, als wer
dich findet.

VALERIO. Ich werde mich nächstens in den Schatten meines
Schattens stellen.

LEONCE. Du verflüchtigst dich ganz an der Sonne. Siehst du die
schöne Wolke da oben? Sie ist wenigstens ein Viertel von dir.
Sie sieht ganz wohlbehaglich auf deine gröberen materiellen
Stoffe herab.

VALERIO. Die Wolke könnte Ihrem Kopf nichts schaden, wenn
man sie Ihnen Tropfen für Tropfen darauf fallen ließe. – Ein
köstlicher Einfall! Wir sind schon durch ein Dutzend Fürsten-
tümer, durch ein halbes Dutzend Großherzogtümer und durch
ein paar Königreiche gelaufen, und das in der größten Über-
eilung in einem halben Tag – und warum? Weil man König

werden und eine schöne Prinzessin heiraten soll! Und Sie leben noch in einer solchen Lage? Ich begreife Ihre Resignation nicht. Ich begreife nicht, daß Sie nicht Arsenik genommen, sich auf das Geländer des Kirchturms gestellt und sich eine Kugel durch den Kopf gejagt haben, um es ja nicht zu verfehlen.

LEONCE. Aber Valerio, die Ideale! Ich habe das Ideal eines Frauenzimmers in mir und muß es suchen. Sie ist unendlich schön und unendlich geistlos. Die Schönheit ist da so hülflos, so rührend wie ein neugebornes Kind. Es ist ein köstlicher Kontrast: diese himmlisch stupiden Augen, dieser göttlich einfältige Mund, dieses schafnasige griechische Profil, dieser geistige Tod in diesem geistlosen Leib.

VALERIO. Teufel! da sind wir schon wieder auf der Grenze. Das ist ein Land wie eine Zwiebel: nichts als Schalen, oder wie ineinandergesteckte Schachteln: in der größten sind nichts als Schachteln und in der kleinsten ist gar nichts. *(Er wirft seinen Pack zu Boden.)* Soll denn dieser Pack mein Grabstein werden? Sehen Sie, Prinz – ich werde philosophisch –, ein Bild des menschlichen Lebens: Ich schleppe diesen Pack mit wunden Füßen durch Frost und Sonnenbrand, weil ich abends ein reines Hemd anziehen will, und wenn endlich der Abend kommt, so ist meine Stirn gefurcht, meine Wange hohl, mein Auge dunkel, und ich habe grade noch Zeit, mein Hemd anzuziehen, als Totenhemd. Hätte ich nun nicht gescheiter getan, ich hätte mein Bündel vom Stecken gehoben und es in der ersten besten Kneipe verkauft, und hätte mich dafür betrunken und im Schatten geschlafen, bis es Abend geworden wäre, und hätte nicht geschwitzt und mir keine Leichdörner gelaufen? Und, Prinz, jetzt kommt die Anwendung und die Praxis: aus lauter Schamhaftigkeit wollen wir jetzt auch den inneren Menschen bekleiden und Rock und Hosen inwendig anziehen. *(Beide gehen auf das Wirtshaus los.)* Ei, du lieber Pack, welch ein köstlicher Duft, welche Weindüfte und Bratengerüche! Ei, ihr lieben Hosen, wie wurzelt ihr im Boden und grünt und blüht! und die langen schweren Trauben hängen mir in den Mund, und der Most gärt unter der Kelter. *(Sie gehen ab.)*

Prinzessin Lena, die Gouvernante kommen.

GOUVERNANTE. Es muß ein bezaubernder Tag sein, die Sonne geht nicht unter, und es ist so unendlich lang seit unsrer Flucht.

LENA. Nicht doch, meine Liebe, die Blumen sind ja kaum welk, die ich zum Abschied brach, als wir aus dem Garten gingen.

GOUVERNANTE. Und wo sollen wir ruhen? Wir sind noch auf gar nichts gestoßen. Ich sehe kein Kloster, keinen Eremiten, keinen Schäfer.

LENA. Wir haben alles wohl anders geträumt mit unsern Büchern hinter der Mauer unsers Garten, zwischen unsern Myrten und Oleandern.

GOUVERNANTE. O, die Welt ist abscheulich! An einen irrenden Königssohn ist gar nicht zu denken.

LENA. O, sie ist schön und so weit, so unendlich weit! Ich möchte immer so fort gehen, Tag und Nacht. Es rührt sich nichts. Ein roter Blumenschein spielt über die Wiesen, und die fernen Berge liegen auf der Erde wie ruhende Wolken.

GOUVERNANTE. Du mein Jesus, was wird man sagen? Und doch ist es so zart und weiblich! Es ist eine Entsagung. Es ist wie die Flucht der heiligen Ottilia. Aber wir müssen ein Obdach suchen: es wird Abend!

LENA. Ja, die Pflanzen legen ihre Fliederblättchen zum Schlaf zusammen, und die Sonnenstrahlen wiegen sich an den Grashalmen wie müde Libellen.

Zweite Szene

Das Wirtshaus auf einer Anhöhe, an einem Fluß.
Weite Aussicht. Der Garten vor demselben
Valerio. Leonce.

VALERIO. Nun, Prinz, liefern Ihre Hosen nicht ein köstliches Getränk? Laufen Ihnen Ihre Stiefel nicht mit der größten Leichtigkeit die Kehle hinunter?

LEONCE. Siehst du die alten Bäume, die Hecken, die Blumen? Das alles hat seine Geschichten, seine lieblichen, heimlichen Geschichten. Siehst du die greisen freundlichen Gesichter unter den Reben an der Haustür? Wie sie sitzen und sich bei den Händen halten und Angst haben, daß sie so alt sind und die Welt noch so jung ist. O Valerio, und ich bin so jung, und die Welt ist so alt! Ich bekomme manchmal eine Angst um mich und könnte mich in eine Ecke setzen und heiße Tränen weinen aus Mitleid mit mir.

VALERIO *(gibt ihm ein Glas)*. Nimm diese Glocke, diese Taucherglocke und senke dich in das Meer des Weines, daß es Perlen über dir schlägt. Sieh, wie die Elfen über dem Kelch der Weinblumen schweben, goldbeschuht, die Cymbeln schlagend.

LEONCE *(aufspringend)*. Komm, Valerio, wir müssen was treiben, was treiben! Wir wollen uns mit tiefen Gedanken abgeben; wir wollen untersuchen, wie es kommt, daß der Stuhl auf drei Beinen steht und nicht auf zweien. Komm, wir wollen Ameisen zergliedern, Staubfäden zählen! Ich werde es doch noch zu irgendeiner fürstlichen Liebhaberei bringen. Ich werde doch noch eine Kinderrassel finden, die mir erst aus der Hand fällt, wenn ich Flocken lese und an der Decke zupfe. Ich habe noch eine gewisse Dose Enthusiasmus zu verbrauchen; aber wenn ich alles recht warm gekocht habe, so brauche ich eine unendliche Zeit, um einen Löffel zu finden, mit dem ich das Gericht esse, und darüber steht es ab.

VALERIO. Ergo bibamus! Diese Flasche ist keine Geliebte, keine

Idee, sie macht keine Geburtsschmerzen, sie wird nicht lang-
weilig, wird nicht treulos, sie bleibt eins vom ersten Tropfen
bis zum letzten. Du brichst das Siegel, und alle Träume, die in
ihr schlummern, sprühen dir entgegen.

LEONCE. O Gott! Die Hälfte meines Lebens soll ein Gebet sein,
wenn mir nur ein Strohhalm beschert wird, auf dem ich reite
wie auf einem prächtigen Roß, bis ich selbst auf dem Stroh lie-
ge. – Welch unheimlicher Abend! Da unten ist alles still, und da
oben wechseln und ziehen die Wolken, und der Sonnenschein
geht und kommt wieder. Sieh, was seltsame Gestalten sich dort
jagen! sieh die langen weißen Schatten mit den entsetzlich ma-
gern Beinen und Fledermausschwingen! Und alles so rasch, so
wirr, und da unten rührt sich kein Blatt, kein Halm. Die Erde
hat sich ängstlich zusammengeschmiegt wie ein Kind, und
über ihre Wiege schreiten die Gespenster.

VALERIO. Ich weiß nicht, was Ihr wollt, mir ist ganz behaglich
zumut. Die Sonne sieht aus wie ein Wirtshausschild, und die
feurigen Wolken darüber wie die Aufschrift: »Wirtshaus zur
goldenen Sonne«. Die Erde und das Wasser da unten sind wie
ein Tisch, auf dem Wein verschüttet ist, und wir liegen darauf
wie Spielkarten, mit denen Gott und der Teufel aus Langewei-
le eine Partie machen, und Ihr seid ein Kartenkönig, und ich
bin ein Kartenbube, es fehlt nur noch eine Dame, eine schöne
Dame, mit einem großen Lebkuchenherz auf der Brust und ei-
ner mächtigen Tulpe, worin die lange Nase sentimental ver-
sinkt *(die Gouvernante und die Prinzessin treten auf)*, und –
bei Gott, da ist sie! Es ist aber eigentlich keine Tulpe, sondern
eine Prise Tabak, und es ist eigentlich keine Nase, sondern ein
Rüssel. *(Zur Gouvernante.)* Warum schreiten Sie, Werteste, so
eilig, daß man Ihre weiland Waden bis zu Ihren respektabeln
Strumpfbändern sieht?

GOUVERNANTE *(heftig erzürnt, bleibt stehen).* Warum reißen Sie,
Geehrtester, das Maul so weit auf, daß Sie einem ein Loch in
die Aussicht machen?

VALERIO. Damit Sie, Geehrteste, sich die Nase am Horizont nicht blutig stoßen. Solch eine Nase ist wie der Turm auf Libanon, der gen Damaskum steht.

LENA *(zur Gouvernante).* Meine Liebe, ist denn der Weg so lang?

LEONCE *(träumend vor sich hin).* O, jeder Weg ist lang. Das Pikken der Totenuhr in unserer Brust ist langsam, und jeder Tropfen Blut mißt seine Zeit, und unser Leben ist ein schleichend Fieber. Für müde Füße ist jeder Weg zu lang ...

LENA *(die ihm ängstlich sinnend zuhört).* Und müden Augen jedes Licht zu scharf, und müden Lippen jeder Hauch zu schwer *(lächelnd),* und müden Ohren jedes Wort zu viel. *(Sie tritt mit der Gouvernante in das Haus.)*

LEONCE. O lieber Valerio! Könnte ich nicht auch sagen: »Sollte nicht dies und ein Wald von Federbüschen nebst ein paar gepufften Rosen auf meinen Schuhen ...«? Ich hab es, glaub ich, ganz melancholisch gesagt. Gott sei Dank, daß ich anfange, mit der Melancholie niederzukommen! Die Luft ist nicht mehr so hell und kalt, der Himmel senkt sich glühend dicht um mich, und schwere Tropfen fallen. – O diese Stimme: »Ist denn der Weg so lang?« Es reden viele Stimmen über die Erde, und man meint, sie sprächen von andern Dingen, aber ich habe s i e verstanden. Sie ruht auf mir wie der Geist, da er über den Wassern schwebte, eh das Licht ward. Welch Gären in der Tiefe, welch Werden in mir, wie sich die Stimme durch den Raum gießt! – »Ist denn der Weg so lang?« *(Geht ab.)*

VALERIO. Nein, der Weg zum Narrenhaus ist nicht so lang; er ist leicht zu finden, ich kenne alle Fußpfade, alle Vizinalwege und Chausseen dorthin. Ich sehe ihn schon auf einer breiten Allee dahin, an einem eiskalten Wintertag, den Hut unter dem Arm, wie er sich in die langen Schatten unter die kahlen Bäume stellt und mit dem Schnupftuch fächelt. – Er ist ein Narr! *(Folgt ihm.)*

Dritte Szene

Ein Zimmer.
Lena. Die Gouvernante.

GOUVERNANTE. Denken Sie nicht an den Menschen!

LENA. Er war so alt unter seinen blonden Locken. Den Frühling
auf den Wangen und den Winter im Herzen! Das ist traurig.
Der müde Leib findet sein Schlafkissen überall, doch wenn der
Geist müd ist, wo soll er ruhen? Es kommt mir ein entsetzli-
cher Gedanke: ich glaube, es gibt Menschen, die unglücklich
sind, unheilbar, bloß weil sie sind. *(Sie erhebt sich.)*

GOUVERNANTE. Wohin, mein Kind?

LENA. Ich will hinunter in den Garten.

GOUVERNANTE. Aber ...

LENA. Aber, liebe Mutter? Du weißt, man hätte mich eigentlich
in eine Scherbe setzen sollen. Ich brauche Tau und Nachtluft,
wie die Blumen. – Hörst du die Harmonien des Abends? Wie
die Grillen den Tag einsingen und die Nachtviolen ihn mit
ihrem Duft einschläfern! Ich kann nicht im Zimmer bleiben.
Die Wände fallen auf mich.

Vierte Szene

Der Garten. Nacht und Mondschein.
Man sieht Lena, auf dem Rasen sitzend.

VALERIO *(in einiger Entfernung)*. Es ist eine schöne Sache um die
Natur, sie wäre aber doch noch schöner, wenn es keine Schna-
ken gäbe, die Wirtsbetten etwas reinlicher wären und die To-
tenuhren nicht so in den Wänden pickten. Drin schnarchen die
Menschen, und draußen quaken die Frösche, drin pfeifen die
Hausgrillen und draußen die Feldgrillen. Lieber Rasen, dies ist
ein rasender Entschluß! *(Er legt sich auf den Rasen nieder.)*

LEONCE *(tritt auf)*. O Nacht, balsamisch wie die erste, die auf das

Paradies herabsank! *(Er bemerkt die Prinzessin und nähert sich ihr leise.)*

LENA *(spricht vor sich hin).* Die Grasmücke hat im Traum gezwitschert. – Die Nacht schläft tiefer, ihre Wange wird bleicher und ihr Atem stiller. Der Mond ist wie ein schlafendes Kind, die goldnen Locken sind ihm im Schlaf über das liebe Gesicht heruntergefallen. – O, sein Schlaf ist Tod. Wie der tote Engel auf seinem dunklen Kissen ruht und die Sterne gleich Kerzen um ihn brennen! Armes Kind! Es ist traurig, tot und so allein.

LEONCE. Steh auf in deinem weißen Kleid und wandle hinter der Leiche durch die Nacht und singe ihr das Sterbelied!

LENA. Wer spricht da?

LEONCE. Ein Traum.

LENA. Träume sind selig.

LEONCE. So träume dich selig und laß mich dein seliger Traum sein.

LENA. Der Tod ist der seligste Traum.

LEONCE. So laß mich dein Todesengel sein! Laß meine Lippen sich gleich seinen Schwingen auf deine Augen senken. *(Er küßt sie.)* Schöne Leiche, du ruhst so lieblich auf dem schwarzen Bahrtuch der Nacht, daß die Natur das Leben haßt und sich in den Tod verliebt.

LENA. Nein, laß mich! *(Sie springt auf und entfernt sich rasch.)*

LEONCE. Zu viel! zu viel! Mein ganzes Sein ist in dem e i n e n Augenblick. Jetzt stirb! Mehr ist unmöglich. Wie frischatmend, schönheitsglänzend ringt die Schöpfung sich aus dem Chaos mir entgegen! Die Erde ist eine Schale von dunklem Gold: wie schäumt das Licht in ihr und flutet über ihren Rand, und hellauf perlen daraus die Sterne. Dieser eine Tropfen Seligkeit macht mich zu einem köstlichen Gefäß. Hinab, heiliger Becher! *(Er will sich in den Fluß stürzen.)*

VALERIO *(springt auf und umfaßt ihn).* Halt, Serenissime!

LEONCE. Laß mich!

VALERIO. Ich werde Sie lassen, sobald Sie gelassen sind und das Wasser zu lassen versprechen.

LEONCE. Dummkopf!

VALERIO. Ist denn Eure Hoheit noch nicht über die Leutnants-romantik hinaus: das Glas zum Fenster hinauszuwerfen, womit man die Gesundheit seiner Geliebten getrunken?

LEONCE. Ich glaube halbwegs, du hast recht.

VALERIO. Trösten Sie sich! Wenn Sie auch nicht heut nacht unter dem Rasen schlafen, so schlafen Sie wenigstens darauf. Es wäre ein ebenso selbstmörderischer Versuch, in eins von den Betten gehn zu wollen. Man liegt auf dem Stroh wie ein Toter und wird von den Flöhen gestochen wie ein Lebendiger.

LEONCE. Meinetwegen. *(Er legt sich ins Gras.)* Mensch, du hast mich um den schönsten Selbstmord gebracht! Ich werde in meinem Leben keinen so vorzüglichen Augenblick mehr dazu finden, und das Wetter ist so vortrefflich. Jetzt bin ich schon aus der Stimmung. Der Kerl hat mir mit seiner gelben Weste und seinen himmelblauen Hosen alles verdorben. – Der Himmel beschere mir einen recht gesunden, plumpen Schlaf!

VALERIO. Amen! – Und ich habe ein Menschenleben gerettet und werde mir mit meinem guten Gewissen heut nacht den Leib warm halten.

LEONCE. Wohl bekomms, Valerio!

Dritter Akt

Erste Szene

Leonce. Valerio.

VALERIO. Heiraten? Seit wann hat es Eure Hoheit zum ewigen
Kalender gebracht?

LEONCE. Weißt du auch, Valerio, daß selbst der Geringste unter
den Menschen so groß ist, daß das Leben noch viel zu kurz ist,
um ihn lieben zu können? Und dann kann ich doch einer ge-
wissen Art von Leuten, die sich einbilden, daß nichts so schön
und heilig sei, daß sie es nicht noch schöner und heiliger ma-
chen müßten, die Freude lassen. Es liegt ein gewisser Genuß in
dieser lieben Arroganz. Warum soll ich ihnen denselben nicht
gönnen?

VALERIO. Sehr human und philobestialisch! Aber weiß sie auch,
wer Sie sind?

LEONCE. Sie weiß nur, daß sie mich liebt.

VALERIO. Und weiß Eure Hoheit auch, wer sie ist?

LEONCE. Dummkopf! Frag doch die Nelke und die Tauperle
nach ihrem Namen.

VALERIO. Das heißt, sie ist überhaupt etwas, wenn das nicht
schon zu unzart ist und nach dem Signalement schmeckt. –
Aber, wie soll das gehn? – Hm! Prinz, bin ich Minister, wenn
Sie heute von Ihrem Vater mit der Unaussprechlichen, Namen-
losen mittels des Ehesegens zusammengeschmiedet werden?
Ihr Wort?

LEONCE. Mein Wort!

VALERIO. Der arme Teufel Valerio empfiehlt sich seiner Exzel-
lenz dem Herrn Staatsminister Valerio von Valeriental. – »Was
will der Kerl? Ich kenne ihn nicht. Fort, Schlingel!« *(Er läuft
weg; Leonce folgt ihm.)*

Zweite Szene

Freier Platz vor dem Schlosse des Königs Peter.
Der Landrat. Der Schulmeister. Bauern im Sonntagsputz,
Tannenzweige haltend.

LANDRAT. Lieber Herr Schulmeister, wie halten sich Eure Leute?

SCHULMEISTER. Sie halten sich so gut in ihren Leiden, daß sie sich schon seit geraumer Zeit aneinander halten. Sie gießen brav Spiritus in sich, sonst könnten sie sich in der Hitze unmöglich so lange halten. Courage, ihr Leute! Streckt eure Tannenzweige grad vor euch hin, damit man meint, ihr wärt ein Tannenwald, und eure Nasen die Erdbeeren, und eure Dreimaster die Hörner vom Wildbret, und eure hirschledernen Hosen der Mondschein darin. Und merkts euch: der hinterste läuft immer wieder vor den vordersten, damit es aussieht, als wärt ihr ins Quadrat erhoben.

LANDRAT. Und Schulmeister, Ihr steht vor die Nüchternheit.

SCHULMEISTER. Versteht sich, denn ich kann vor Nüchternheit kaum noch stehen.

LANDRAT. Gebt acht, Leute, im Programm steht: »Sämtliche Untertanen werden von freien Stücken reinlich gekleidet, wohlgenährt und mit zufriedenen Gesichtern sich längs der Landstraße aufstellen.« Macht uns keine Schande!

SCHULMEISTER. Seid standhaft! Kratzt euch nicht hinter den Ohren und schneuzt euch die Nasen nicht, solang das hohe Paar vorbeifährt, und zeigt die gehörige Rührung, oder es werden rührende Mittel gebraucht werden. Erkennt, was man für euch tut: man hat euch grade so gestellt, daß der Wind von der Küche über euch geht und ihr auch einmal in eurem Leben einen Braten riecht. Könnt ihr noch eure Lektion, He? Vi!

DIE BAUERN. Vi!

SCHULMEISTER. Vat!

DIE BAUERN. Vat!

SCHULMEISTER. Vivat!

DIE BAUERN. Vivat!

SCHULMEISTER. So, Herr Landrat! Sie sehen, wie die Intelligenz im Steigen ist. Bedenken Sie, es ist Latein! Wir geben aber auch heut abend einen transparenten Ball mittelst der Löcher in unseren Jacken und Hosen, und schlagen uns mit unseren Fäusten Kokarden an die Köpfe.

Dritte Szene

Großer Saal. Geputzte Herren und Damen, sorgfältig gruppiert. Der Zeremonienmeister mit einigen Bedienten auf dem Vordergrund.

ZEREMONIENMEISTER. Es ist ein Jammer! Alles geht zugrund. Die Braten schnurren ein. Alle Glückwünsche stehen ab. Alle Vatermörder legen sich um, wie melancholische Schweinsohren. Den Bauern wachsen die Nägel und der Bart wieder. Den Soldaten gehn die Locken auf. Von den zwölf Unschuldigen ist keine, die nicht das horizontale Verhalten dem senkrechten vorzöge. Sie sehen in ihren weißen Kleidchen aus wie erschöpfte Seidenhasen, und der Hofpoet grunzt um sie herum wie ein bekümmertes Meerschweinchen. Die Herren Offiziere kommen um all ihre Haltung, und die Hofdamen stehen da wie Gradierbäue; das Salz kristallisiert an ihren Halsketten.

ZWEITER BEDIENTER. Sie machen es sich wenigstens bequem; man kann ihnen nicht nachsagen, daß sie auf den Schultern trügen. Wenn sie auch nicht offenherzig sind, so sind sie doch offen bis zum Herzen.

ZEREMONIENMEISTER. Ja, sie sind gute Karten vom türkischen Reich: man sieht die Dardanellen und das Marmormeer. Fort, ihr Schlingel! An die Fenster! Da kömmt Ihro Majestät!

König Peter und der Staatsrat treten ein.

PETER. Also auch die Prinzessin ist verschwunden. Hat man

noch keine Spur von unserm geliebten Erbprinzen? Sind meine Befehle befolgt? Werden die Grenzen beobachtet?

ZEREMONIENMEISTER. Ja, Majestät. Die Aussicht von diesem Saal gestattet uns die strengste Aufsicht. *(Zu dem ersten Bedienten.)* Was hast du gesehen?

ERSTER BEDIENTER. Ein Hund, der seinen Herrn sucht, ist durch das Reich gelaufen.

ZEREMONIENMEISTER *(zu einem andern).* Und du?

ZWEITER BEDIENTER. Es geht jemand auf der Nordgrenze spazieren, aber es ist nicht der Prinz, ich könnte ihn erkennen.

ZEREMONIENMEISTER. Und du?

DRITTER BEDIENTER. Sie verzeihen – nichts.

ZEREMONIENMEISTER. Das ist sehr wenig. Und du?

VIERTER DIENER. Auch nichts

ZEREMONIENMEISTER. Das ist ebensowenig.

PETER. Aber, Staatsrat, habe ich nicht den Beschluß gefaßt, daß meine königliche Majestät sich an diesem Tage freuen und daß an ihm die Hochzeit gefeiert werden sollte? War das nicht unser festester Entschluß?

PRÄSIDENT. Ja, Eure Majestät, so ist es protokolliert und aufgezeichnet.

PETER. Und würde ich mich nicht kompromittieren, wenn ich meinen Beschluß nicht ausführte?

PRÄSIDENT. Wenn es anders für Eure Majestät möglich wäre, sich zu kompromittieren, so wäre dies ein Fall, worin sie sich kompromittieren könnte.

PETER. Habe ich nicht mein königliches Wort gegeben? – Ja, ich werde meinen Beschluß sogleich ins Werk setzen, ich werde mich freuen. *(Er reibt sich die Hände.)* O, ich bin außerordentlich froh!

PRÄSIDENT. Wir teilen sämtlich die Gefühle Eurer Majestät, soweit es für Untertanen möglich und schicklich ist.

PETER. O, ich weiß mir vor Freude nicht zu helfen! Ich werde meinen Kammerherren rote Röcke machen lassen, ich werde einige Kadetten zu Leutnants machen, ich werde meinen Untertanen erlauben – aber, aber, die Hochzeit? Lautet die andere Hälfte des Beschlusses nicht, daß die Hochzeit gefeiert werden sollte?

PRÄSIDENT. Ja, Eure Majestät.

PETER. Ja, wenn aber der Prinz nicht kommt und die Prinzessin auch nicht?

PRÄSIDENT. Ja, wenn der Prinz nicht kommt und die Prinzessin auch nicht – dann – dann –

PETER. Dann, dann?

PRÄSIDENT. Dann können sie sich eben nicht heiraten.

PETER. Halt, ist der Schluß logisch? Wenn – dann – Richtig! Aber mein Wort, mein königliches Wort!

PRÄSIDENT. Tröste Eure Majestät sich mit andern Majestäten! Ein königliches Wort ist ein Ding – ein Ding – das nichts ist.

PETER *(zu den Dienern).* Seht ihr noch nichts?

DIE DIENER. Eure Majestät, nichts, gar nichts.

PETER. Und ich hatte beschlossen, mich so zu freuen! Grade mit dem Glockenschlag zwölf wollte ich anfangen und wollte mich freuen volle zwölf Stunden – ich werde ganz melancholisch.

PRÄSIDENT. Alle Untertanen werden aufgefordert, die Gefühle Ihrer Majestät zu teilen.

ZEREMONIENMEISTER. Denjenigen, welche kein Schnupftuch bei sich haben, ist das Weinen jedoch Anstandes halber untersagt.

ERSTER BEDIENTER. Halt! Ich sehe was! Es ist etwas wie ein Vorsprung, wie eine Nase, das übrige ist noch nicht über die Grenze; und dann seh ich noch einen Mann, und dann noch zwei Personen entgegengesetzten Geschlechts.

ZEREMONIENMEISTER. In welcher Richtung?

ERSTER BEDIENTER. Sie kommen näher. Sie gehn auf das Schloß zu. Da sind sie!

Valerio, Zeremonienmeister, die Gouvernante und die Prinzessin treten maskiert auf.

PETER Wer seid Ihr?

VALERIO. Weiß ichs? *(Er nimmt langsam hintereinander mehrere Masken ab.)* Bin ich das? oder das? oder das? Wahrhaftig, ich bekomme Angst, ich könnte mich so ganz auseinanderschälen und -blättern.

PETER *(verlegen)*. Aber – aber etwas müßt Ihr denn doch sein?

VALERIO. Wenn Eure Majestät es so befehlen! Aber, meine Herren, hängen Sie dann die Spiegel herum und verstecken Sie Ihre blanken Köpfe etwas, und sehen Sie mich nicht so an, daß ich mich in Ihren Augen spiegeln muß, oder ich weiß wahrhaftig nicht mehr, was ich eigentlich bin.

PETER. Der Mensch bringt mich in Konfusion, zur Desperation! Ich bin in der größten Verwirrung.

VALERIO. Aber eigentlich wollte ich einer hohen und geehrten Gesellschaft verkündigen, daß hiermit die zwei weltberühmten Automaten angekommen sind, und daß ich vielleicht der dritte und merkwürdigste von beiden bin, wenn ich eigentlich selbst recht wüßte, wer ich wäre, worüber man übrigens sich nicht wundern dürfte, da ich selbst gar nichts von dem weiß, was ich rede, ja auch nicht einmal weiß, daß ich es nicht weiß, so daß es höchst wahrscheinlich ist, daß man mich nur so reden läßt, und es eigentlich nichts als Walzen und Windschläuche sind, die das alles sagen. Mit schnarrendem Ton. Sehen Sie hier, meine Herren und Damen, zwei Personen beiderlei Geschlechts, ein Männchen und ein Weibchen, einen Herrn und eine Dame! Nichts als Kunst und Mechanismus, nichts als Pappendeckel und Uhrfedern! Jede hat eine feine, feine Feder von Rubin unter dem Nagel der kleinen Zehe am rechten Fuß, man drückt ein klein wenig, und die Mechanik läuft volle fünfzig Jahre. Diese Personen sind so vollkommen gearbeitet, daß man sie von andern Menschen gar nicht unterscheiden könnte, wenn man nicht wüßte, daß sie bloße Pappdeckel sind; man könnte sie eigentlich zu Mitgliedern der menschlichen Gesellschaft machen. Sie sind sehr edel, denn sie sprechen Hoch-

deutsch. Sie sind sehr moralisch, denn sie stehn auf den Glok-
kenschlag auf, essen auf den Glockenschlag zu Mittag und
gehn auf den Glockenschlag zu Bett; auch haben sie eine gute
Verdauung, was beweist, daß sie ein gutes Gewissen haben. Sie
haben ein feines sittliches Gefühl, denn die Dame hat gar kein
Wort für den Begriff Beinkleider, und dem Herrn ist es rein un-
möglich, hinter einem Frauenzimmer eine Treppe hinauf- oder
vor ihm hinunterzugehen. Sie sind sehr gebildet, denn die Da-
me singt alle neuen Opern, und der Herr trägt Manschetten.
Geben Sie acht, meine Herren und Damen, sie sind jetzt in ei-
nem interessanten Stadium: der Mechanismus der Liebe fängt
an sich zu äußern, der Herr hat der Dame schon einigemal den
Schal getragen, die Dame hat schon einigemal die Augen ver-
dreht und gen Himmel geblickt. Beide haben schon mehrmals
geflüstert: Glaube, Liebe, Hoffnung! Beide sehen bereits ganz
akkordiert aus, es fehlt nur noch das winzige Wörtchen: Amen.

PETER *(den Finger an die Nase legend).* In effigie? in effigie? Prä-
sident, wenn man einen Menschen in effigie hängen läßt, ist das
nicht ebensogut, als wenn er ordentlich gehängt würde?

PRÄSIDENT. Verzeihen, Eure Majestät, es ist noch viel besser,
denn es geschieht ihm kein Leid dabei, und er wird dennoch
gehängt.

PETER. Jetzt hab ichs. Wir feiern die Hochzeit in effigie! *(Auf Le-
na und Leonce deutend.)* Das ist die Prinzessin, das ist der Prinz.
– Ich werde meinen Beschluß durchsetzen, ich werde mich freu-
en. – Laßt die Glocken läuten! Macht Eure Glückwünsche zu-
recht! Hurtig, Herr Hofprediger!

*Der Hofprediger tritt vor, räuspert sich, blickt einigemal gen
Himmel.*

VALERIO. Fang an! Laß deine vermaledeiten Gesichter und fang
an! Wohlauf!

HOFPREDIGER *(in der größten Verwirrung).* Wenn wir – oder –
aber –

VALERIO. Sintemal und alldieweil –

HOFPREDIGER. Denn –

VALERIO. Es war vor Erschaffung der Welt –

HOFPREDIGER. Daß –

VALERIO. Gott Langeweile hatte –

PETER. Machen Sie es nur kurz, Bester.

HOFPREDIGER *(sich fassend)*. Geruhen Eure Hoheit, Prinz Leonce vom Reiche Popo, und geruhen Eure Hoheit, Prinzessin Lena vom Reiche Pipi, und geruhen Eure Hoheiten gegenseitig, sich beiderseitig einander haben zu wollen, so sprechen Sie ein lautes und vernehmliches Ja.

LENA UND LEONCE. Ja!

HOFPREDIGER. So sage ich Amen.

VALERIO. Gut gemacht, kurz und bündig; so wären denn das Männlein und Fräulein erschaffen, und alle Tiere des Paradieses stehen um sie.

Leonce nimmt die Maske ab.

ALLE. Der Prinz!

PETER. Der Prinz! Mein Sohn! Ich bin verloren, ich bin betrogen! *(Er geht auf die Prinzessin los.)* Wer ist die Person? Ich lasse alles für ungültig erklären!

GOUVERNANTE *(nimmt der Prinzessin die Maske ab, triumphierend)*. Die Prinzessin!

LEONCE. Lena?

LENA. Leonce?

LEONCE. Ei, Lena, ich glaube, das war die Flucht in das Paradies.

LENA. Ich bin betrogen!

LEONCE. Ich bin betrogen!

LENA. O Zufall!

LEONCE. O Vorsehung!

VALERIO. Ich muß lachen, ich muß lachen. Eure Hoheiten sind wahrhaftig durch den Zufall einander zugefallen; ich hoffe, Sie werden den Zufall zu Gefallen – Gefallen aneinander finden.

GOUVERNANTE. Daß meine alten Augen endlich das sehen konnten! Ein irrender Königssohn! Jetzt sterb ich ruhig.

PETER. Meine Kinder, ich bin gerührt, ich weiß mir vor Rührung kaum zu helfen. Ich bin der glücklichste Mann! Ich lege aber auch hiermit feierlichst die Regierung in deine Hände, mein Sohn, und werde sogleich ungestört zu denken anfangen. Mein Sohn, du überlässest mir diese Weisen *(er deutet auf den Staatsrat,)* damit sie mich in meinen Bemühungen unterstützen. Kommen Sie, meine Herren, wir müssen denken, ungestört denken! *(Er entfernt sich mit dem Staatsrat.)* Der Mensch hat mich vorhin konfus gemacht, ich muß mir wieder heraushelfen.

LEONCE *(zu den Anwesenden)*. Meine Herren! Meine Gemahlin und ich bedauern unendlich, daß Sie uns heute so lange zu Diensten gestanden sind. Ihre Stellung ist so traurig, daß wir um keinen Preis Ihre Standhaftigkeit länger auf die Probe stellen möchten. Gehn Sie jetzt nach Hause, aber vergessen Sie Ihre Reden, Predigten und Verse nicht, denn morgen fangen wir in aller Ruhe und Gemütlichkeit den Spaß noch einmal von vorne an. Auf Wiedersehn!

> *Alle entfernen sich, Leonce, Lena, Valerio und die*
> *Gouvernante ausgenommen.*

LEONCE. Nun, Lena, siehst du jetzt, wie wir die Taschen voll haben, voll Puppen und Spielzeug? Was wollen wir damit anfangen? Wollen wir ihnen Schnurrbärte machen und ihnen Säbel anhängen? Oder wollen wir ihnen Fräcke anziehen und sie infusorische Politik und Diplomatie treiben lassen, und uns mit dem Mikroskop danebensetzen? Oder hast du Verlangen nach einer Drehorgel, auf der die milchweißen ästhetischen Spitzmäuse herumhuschen? Wollen wir ein Theater bauen? *(Lena lehnt sich an ihn und schüttelt den Kopf.)* Aber ich weiß besser, was du willst: wir lassen alle Uhren zerschlagen, alle Kalender verbieten und zählen Stunden und Monden nur nach der Blumenuhr, nur nach Blüte und Frucht. Und dann umstellen wir das Ländchen mit Brennspiegeln, daß es keinen Winter mehr gibt und wir uns im Sommer bis Ischia und Capri hinaufde-stillieren, und das ganze Jahr zwischen Rosen und Veilchen, zwischen Orangen und Lorbeer stecken.

VALERIO. Und ich werde Staatsminister, und es wird ein Dekret erlassen, daß, wer sich Schwielen in die Hände schafft, unter Kuratel gestellt wird; daß, wer sich krank arbeitet, kriminali-stisch strafbar ist; daß jeder, der sich rühmt, sein Brot im Schweiße seines Angesichts zu essen, für verrückt und der menschlichen Gesellschaft gefährlich erklärt wird; und dann legen wir uns in den Schatten und bitten Gott um Makkaroni, Melonen und Feigen, um musikalische Kehlen, klassische Lei-ber und eine commode Religion!

Woyzeck

(Fragment)

Personen

WOYZECK
MARIE
HAUPTMANN
DOKTOR
TAMBOURMAJOR
UNTEROFFIZIER
ANDRES
MARGRET
BUDENBESITZER
MARKTSCHREIER
ALTER MANN MIT LEIERKASTEN
JUDE
WIRT
ERSTER HANDWERKSBURSCH
ZWEITER HANDWERKSBURSCH
KÄTHE
NARR KARL
GROSSMUTTER
ERSTES, ZWEITES, DRITTES KIND
ERSTE, ZWEITE PERSON
POLIZEIKOMMISSAR

Soldaten, Studenten, Burschen und Mädchen.
Kinder. Volk.

Beim Hauptmann

Hauptmann auf einem Stuhl; Woyzeck rasiert ihn.

HAUPTMANN. Langsam, Woyzeck, langsam; eins nach dem andern! Es macht mir ganz schwindlig. Was soll ich dann mit den zehn Minuten anfangen, die Er heut zu früh fertig wird? Woyzeck, bedenk Er: Er hat noch seine schöne dreißig Jahr zu leben, dreißig Jahr! Macht dreihundertsechzig Monate! und Tage! Stunden! Minuten! Was will Er denn mit der ungeheuren Zeit all anfangen? Teil Er sich ein, Woyzeck!

WOYZECK. Jawohl, Herr Hauptmann.

HAUPTMANN. Es wird mir ganz angst um die Welt, wenn ich an die Ewigkeit denke. Beschäftigung, Woyzeck, Beschäftigung! Ewig: das ist ewig, das ist ewig – das siehst du ein; nun ist es aber wieder nicht ewig, und das ist ein Augenblick, ja, ein Augenblick – Woyzeck, es schaudert mich, wenn ich denke, daß sich die Welt in einem Tag herumdreht! Was 'n Zeitverschwendung! Wo soll das hinaus? Woyzeck, ich kann kein Mühlrad mehr sehn, oder ich werd melancholisch.

WOYZECK. Jawohl, Herr Hauptmann.

HAUPTMANN. Woyzeck, Er sieht immer so verhetzt aus! Ein guter Mensch tut das nicht, ein guter Mensch, der sein gutes Gewissen hat. – Red Er doch was, Woyzeck! Was ist heut für Wetter?

WOYZECK. Schlimm, Herr Hauptmann, schlimm: Wind!

HAUPTMANN. Ich spürs schon, 's ist so was Geschwindes draußen; so ein Wind macht mir den Effekt wie eine Maus. *(Pfiffig.)* Ich glaub, wir haben so was aus Süd-Nord?

WOYZECK. Jawohl, Herr Hauptmann.

HAUPTMANN. Ha! ha! ha! Süd-Nord! Ha! ha! ha! Oh, Er ist dumm, ganz abscheulich dumm! – *(Gerührt.)* Woyzeck, Er ist ein guter Mensch – aber *(mit Würde)* Woyzeck, Er hat keine Moral! Moral, das ist, wenn man moralisch ist, versteht Er. Es ist ein gutes Wort. Er hat ein Kind ohne den Segen der Kirche, wie unser hochehrwürdiger Herr Garnisonsprediger sagt – ohne den Segen der Kirche, es ist nicht von mir.

WOYZECK. Herr Hauptmann, der liebe Gott wird den armen Wurm nicht drum ansehen, ob das Amen drüber gesagt ist, eh er gemacht wurde. Der Herr sprach: Lasset die Kleinen zu mir kommen.

HAUPTMANN. Was sagt Er da? Was ist das für eine kuriose Antwort? Er macht mich ganz konfus mit seiner Antwort. Wenn ich sag: Er, so mein ich Ihn, Ihn –

WOYZECK. Wir arme Leut – Sehn Sie, Herr Hauptmann: Geld, Geld! Wer kein Geld hat – Da setz einmal eines seinesgleichen auf die Moral in die Welt! Man hat auch sein Fleisch und Blut. Unsereins ist doch einmal unselig in der und der andern Welt. Ich glaub, wenn wir in Himmel kämen, so müßten wir donnern helfen.

HAUPTMANN. Woyzeck, Er hat keine Tugend! Er ist kein tugendhafter Mensch! Fleisch und Blut? Wenn ich am Fenster lieg, wenns geregnet hat, und den weißen Strümpfen so nachseh, wie sie über die Gassen springen – verdammt, Woyzeck, da kommt mir die Liebe! Ich hab auch Fleisch und Blut. Aber, Woyzeck, die Tugend! die Tugend! Wie sollte ich dann die Zeit herumbringen? Ich sag mir immer: du bist ein tugendhafter Mensch, *(gerührt)* ein guter Mensch, ein guter Mensch.

WOYZECK. Ja, Herr Hauptmann, die Tugend – ich habs noch nit so raus. Sehn Sie: wir gemeine Leut, das hat keine Tugend, es kommt einem nur so die Natur; aber wenn ich ein Herr wär und hätt ein' Hut und eine Uhr und eine Anglaise und könnt vornehm reden, ich wollt schon tugendhaft sein. Es muß was Schönes sein um die Tugend, Herr Hauptmann. Aber ich bin ein armer Kerl!

HAUPTMANN. Gut, Woyzeck. Du bist ein guter Mensch, ein guter Mensch. Aber du denkst zuviel, das zehrt; du siehst immer so verhetzt aus. – Der Diskurs hat mich ganz angegriffen. Geh

jetzt, und renn nicht so; langsam, hübsch langsam die Straße
hinunter!

Freies Feld, die Stadt in der Ferne

Woyzeck und Andres schneiden Stecken im Gebüsch.

ANDRES *(pfeift.)*

WOYZECK. Ja, Andres, der Platz ist verflucht. Siehst du den lich-
ten Streif da über das Gras hin, wo die Schwämme so nach-
wachsen? Da rollt abends der Kopf. Es hob ihn einmal einer
auf, er meint', es wär ein Igel; drei Tag und drei Nächt, und er
lag auf den Hobelspänen. *(Leise.)* Andres, das waren die Frei-
maurer! ich habs, die Freimaurer!

ANDRES *(singt).* Saßen dort zwei Hasen,
　　　　　　Fraßen ab das grüne, grüne Gras …

WOYZECK. Still! Hörst dus, Andres? hörst dus? Es geht was!

ANDRES. Fraßen ab das grüne, grüne Gras
　　　　Bis auf den Rasen.

WOYZECK. Es geht hinter mir, unter mir. *(Stampft auf den Bo-
den.)* Hohl, hörst du? alles hohl da unten! Die Freimaurer!

ANDRES. Ich fürcht mich.

WOYZECK. 's ist so kurios still! Man möcht den Atem halten. –
Andres!

ANDRES. Was?

WOYZECK. Red was! *(Starrt in die Gegend.)* Andres! wie hell!
Über der Stadt is alles Glut! Ein Feuer fährt um den Himmel
und ein Getös herunter wie Posaunen. Wies heraufzieht! –
Fort! Sieh nicht hinter dich! *(Reißt ihn ins Gebüsch.)*

ANDRES *(nach einer Pause).* Woyzeck, hörst dus noch?

WOYZECK. Still, alles still, als wär die Welt tot.

ANDRES. Hörst du? Sie trommeln drin. Wir müssen fort!

Die Stadt

Marie mit ihrem Kind am Fenster. Margret. Der Zapfenstreich geht vorbei, der Tambourmajor voran.

MARIE *(das Kind wippend auf dem Arm)*. He, Bub! Sa ra ra ra! Hörst? Da kommen sie!

MARGRET. Was ein Mann, wie ein Baum!

MARIE. Er steht auf seinen Füßen wie ein Löw. *(Tambourmajor grüßt.)*

MARGRET. Ei, was freundliche Auge, Frau Nachbarin! So was is man an ihr nit gewöhnt.

MARIE *(singt)*. Soldaten, das sind schöne Bursch …

MARGRET. Ihre Auge glänze ja noch –

MARIE. Und wenn! Trag Sie Ihre Auge zum Jud, und laß Sie sie putze; vielleicht glänze sie noch, daß man sie für zwei Knöpf verkaufe könnt.

MARGRET. Was, Sie? Sie? Frau Jungfer! Ich bin eine honette Person, aber Sie, es weiß jeder, Sie guckt sieben Paar lederne Hose durch!

MARIE. Luder! *(Schlägt das Fenster durch.)* Komm, mei Bub! Was die Leut wolle. Bist doch nur ein arm Hurenkind und machst deiner Mutter Freud mit deim unehrliche Gesicht! Sa! sa! *(Singt.)*

> Mädel, was fangst du jetzt an?
> Hast ein klein Kind und kein Mann!
> Ei, was frag ich danach?
> Sing ich die ganze Nacht
> Heio, popeio, mei Bu, juchhe!
> Gibt mir kein Mensch nix dazu.

Es klopft am Fenster.

MARIE. Wer da? Bist dus, Franz? Komm herein!

WOYZECK. Kann nit. Muß zum Verles.

MARIE. Hast du Stecken geschnitten für den Hauptmann?

WOYZECK. Ja, Marie.

MARIE. Was hast du, Franz? Du siehst so verstört.

WOYZECK *(geheimnisvoll)*. Marie, es war wieder was, viel – steht nicht geschrieben: Und sieh, da ging ein Rauch vom Land, wie der Rauch vom Ofen?

MARIE. Mann!

WOYZECK. Es ist hinter mir hergegangen bis vor die Stadt. Etwas, was wir nicht fassen, begreifen, was uns von Sinnen bringt. Was soll das werden?

MARIE. Franz!

WOYZECK. Ich muß fort. – Heut abend auf die Meß! Ich hab wieder was gespart. *(Er geht.)*

MARIE. Der Mann! So vergeistert. Er hat sein Kind nicht ange-sehn! Er schnappt noch über mit den Gedanken! – Was bist so still, Bub? Furchtst dich? Es wird so dunkel; man meint man wär blind. Sonst scheint als die Latern herein. Ich halts nit aus; es schauert mich! *(Geht ab.)*

Buden. Lichter. Volk

Alter Mann singt und Kind tanzt zum Leierkasten.

> Auf der Welt ist kein Bestand,
> Wir müssen alle sterben,
> Das ist uns wohlbekannt.

WOYZECK. Hei, Hopsas! – Armer Mann, alter Mann! Armes Kind, junges Kind! Sorgen und Feste!

MARIE. Mensch, sind noch die Narrn von Verstande, dann ist man selbst Narr. – Komische Welt! schöne Welt! *(Beide gehn weiter zum Marktschreier.)*

MARKTSCHREIER *(vor einer Bude mit seiner Frau in Hosen und einem kostümierten Affen)*. Meine Herren, meine Herren! Sehn Sie die Kreatur, wie sie Gott gemacht: nix, gar nix. Sehn Sie jetzt die Kunst: geht aufrecht, hat Rock und Hosen, hat ein'

Säbel! Der Aff ist Soldat; 's ist noch nit viel, unterste Stuf von menschliche Geschlecht. Ho! Mach Kompliment! So – bist Baron. Gib Kuß! *(Er trompetet.)* Wicht ist musikalisch. – Meine Herren, hier ist zu sehen das astronomische Pferd und die kleine Kanaillevögele. Sind Favorit von alle gekrönte Häupter Europas, verkündigen den Leuten alles: wie alt, wieviel Kinder, was für Krankheit. Die Raprädentationen anfangen! Es wird sogleich sein das Commencement von Commencement.

WOYZECK. Willst du?

MARIE. Meinetwegen. Das muß schön Dings sein. Was der Mensch Quasten hat! Und die Frau hat Hosen! *(Beide gehn in die Bude.)*

TAMBOURMAJOR. Halt, jetzt! Siehst du sie? Was ein Weibsbild!

UNTEROFFIZIER. Teufel! Zum Fortpflanzen von Kürassierregimentern!

TAMBOURMAJOR. Und zur Zucht von Tambourmajors!

UNTEROFFIZIER. Wie sie den Kopf trägt! Man meint, das schwarze Haar müßte sie abwärts ziehn wie ein Gewicht. Und Augen –

TAMBOURMAJOR. Als ob man in ein' Ziehbrunnen oder zu einem Schornstein hinunter guckt. Fort, hinterdrein! –

Das Innere der hellerleuchteten Bude

MARIE. Was Licht!

WOYZECK. Ja, Marie: schwarze Katzen mit feurige Augen. Hei, was ein Abend!

DER BUDENBESITZER *(ein Pferd vorführend).* Zeig dein Talent! zeig deine viehische Vernünftigkeit! Beschäme die menschliche Sozietät! Meine Herren, dies Tier, was Sie da sehn, Schwanz am Leib, auf seine vier Hufe, ist Mitglied von alle gelehrte Sozietät, ist Professor an unsre Universität, wo die Studente bei ihm reiten und schlagen lernen. – Das war einfacher Verstand. Denk jetzt mit der doppelten Raison! Was machst du, wann du mit der doppelten Raison denkst? Ist unter der gelehrten Société da

ein Esel? *(Der Gaul schüttelt den Kopf.)* Sehn Sie jetzt die dop-
pelte Raison? Das ist Viehsionomik. Ja, das ist kein viehdum-
mes Individuum, das ist eine Person, ein Mensch, ein tierischer
Mensch – und doch ein Vieh, ein Bête. *(Das Pferd führt sich
ungebührlich auf.)* So, beschäme die Société. Sehn Sie, das Vieh
ist noch Natur, uni-ideale Natur! Lernen Sie bei ihm! Fragen Sie
den Arzt, es ist sonst höchst schädlich! Das hat geheißen:
Mensch, sei natürlich! Du bist geschaffen aus Staub, Sand,
Dreck. Willst du mehr sein als Staub, Sand, Dreck? – Sehn Sie,
was Vernunft: es kann rechnen und kann doch nit an den Fin-
gern herzählen. Warum? Kann sich nur nit ausdrücken, nur nit
explizieren, ist ein verwandelter Mensch. Sag den Herren, wie-
viel Uhr es ist! Wer von den Herren und Damen hat ein Uhr?
ein Uhr?

UNTEROFFIZIER. Eine Uhr? *(Zieht großartig und gemessen eine
Uhr aus der Tasche.)* Da, mein Herr!

MARIE. Das muß ich sehn. *(Sie klettert auf den ersten Platz; Un-
teroffizier hilft ihr.)*

TAMBOURMAJOR. Das ist ein Weibsbild!

Mariens Kammer

MARIE *(sitzt, ihr Kind auf dem Schoß, ein Stückchen Spiegel in
der Hand).* Der andre hat ihm befohlen, und er hat gehen müs-
sen! – *(Bespiegelt sich.)* Was die Steine glänzen! Was sinds für?
was hat er gesagt? – – Schlaf, Bub! Drück die Auge zu, fest!
(Das Kind versteckt die Augen hinter den Händen.) Noch fe-
ster! Bleib so – still, oder er holt dich! *(Singt.)*

> Mädel machs Ladel zu,
> 's kommt e Zigeunerbu,
> Führt dich an deiner Hand
> Fort ins Zigeunerland.

(Spiegelt sich wieder.) 's ist gewiß Gold! Wie wird mirs beim

Tanz stehen? Unsereins hat nur ein Eckchen in der Welt und ein Stückchen Spiegel, und doch hab ich ein' so roten Mund als die großen Madamen mit ihren Spiegeln von oben bis unten und ihren schönen Herrn, die ihnen die Händ küssen. Ich bin nur ein arm Weibsbild! – *(Das Kind richtet sich auf.)* Still, Bub, die Auge zu! Das Schlafengelchen! wies an der Wand läuft. *(Sie blinkt mit dem Glas.)* Die Augen zu, oder es sieht dir hinein, daß du blind wirst!

Woyzeck tritt herein, hinter sie. Sie fährt auf, mit den Händen nach den Ohren.

WOYZECK. Was hast du?
MARIE. Nix.
WOYZECK. Unter deinen Fingern glänzts ja.
MARIE. Ein Ohrringlein; habs gefunden.
WOYZECK. Ich hab so noch nix gefunden, zwei auf einmal!
MARIE. Bin ich ein Mensch?
WOYZECK. 's ist gut, Marie. – Was der Bub schläft! *(Greift ihm unters Ärmchen, der Stuhl drückt ihn.)* Die hellen Tropfen stehn ihm auf der Stirn; alles Arbeit unter der Sonn, sogar Schweiß im Schlaf. Wir arme Leut! – Da is wieder Geld, Marie; Die Löhnung und was von meim Hauptmann.
MARIE. Gott vergelts, Franz.
WOYZECK. Ich muß fort. Heut abend, Marie! Adies!
MARIE *(allein, nach einer Pause)*. Ich bin doch ein schlecht Mensch! Ich könnt mich erstechen. – Ach! was Welt! Geht doch alles zum Teufel, Mann und Weib!

Beim Doktor

Woyzeck. Der Doktor.

DOKTOR. Was erleb ich, Woyzeck? Ein Mann von Wort!
WOYZECK. Was denn, Herr Doktor?

DOKTOR. Ich habs gesehn, Woyzeck, Er hat auf die Straß gepißt, an die Wand gepißt, wie ein Hund! – Und doch drei Groschen täglich und Kost! Woyzeck, das ist schlecht; die Welt wird schlecht, sehr schlecht!

WOYZECK. Aber, Herr Doktor, wenn einem die Natur kommt.

DOKTOR. Die Natur kommt, die Natur kommt! Die Natur! Hab ich nicht nachgewiesen, daß der Musculus constrictor vesicae dem Willen unterworfen ist? Die Natur! Woyzeck, der Mensch ist frei, in dem Menschen verklärt sich die Individualität zur Freiheit. – Den Harn nicht halten können! *(Schüttelt den Kopf, legt die Hände auf den Rücken und geht auf und ab.)* Hat Er schon seine Erbsen gegessen, Woyzeck? Nichts als Erbsen cruciferae, merk Er sichs! Es gibt eine Revolution in der Wissenschaft, ich sprenge sie in die Luft. Harnstoff 0,10, salzsaures Ammonium, Hyperoxydul – Woyzeck, muß Er nicht wieder pissen? Geh Er einmal hinein und probier Ers!

WOYZECK. Ich kann nit, Herr Doktor.

DOKTOR *(mit Affekt)*. Aber an die Wand pissen! Ich habs schriftlich, den Akkord in der Hand! Ich habs gesehn, mit diesen Augen gesehn; ich steckt grade die Nase zum Fenster hinaus und ließ die Sonnenstrahlen hereinfallen, um das Niesen zu beobachten. *(Tritt auf ihn los.)* Nein, Woyzeck, ich ärgre mich nicht; Ärger ist ungesund, ist unwissenschaftlich. Ich bin ruhig, ganz ruhig; mein Puls hat seine gewöhnlichen 60, und ich sags Ihm mit der größten Kaltblütigkeit. Behüte, wer wird sich über einen Menschen ärgern, ein' Menschen! Wenn es noch ein Proteus wäre, der einem krepiert! Aber, Woyzeck, Er hätte doch nicht an die Wand pissen sollen –

WOYZECK. Sehn Sie, Herr Doktor, manchmal hat einer so 'en Charakter, so 'ne Struktur. – Aber mit der Natur ists was anders, sehn Sie; mit der Natur *(er kracht mit den Fingern)*, das is so was, wie soll ich doch sagen, zum Beispiel ...

DOKTOR. Woyzeck, Er philosophiert wieder.

WOYZECK *(vertraulich)*. Herr Doktor, haben Sie schon was von der doppelten Natur gesehn? Wenn die Sonn in Mittag steht und es ist, als ging die Welt in Feuer auf, hat schon eine fürchterliche Stimme zu mir geredet!

DOKTOR. Woyzeck, Er hat eine Aberratio.

WOYZECK *(legt den Finger an die Nase)*. Die Schwämme, Herr Doktor, da, da steckts. Haben Sie schon gesehn, in was für Figuren die Schwämme auf dem Boden wachsen? Wer das lesen könnt!

DOKTOR. Woyzeck, er hat die schönste Aberratio mentalis partialis, die zweite Spezies, sehr schön ausgeprägt. Woyzeck, Er kriegt Zulage! Zweite Spezies: fixe Idee mit allgemein vernünftigem Zustand. – Er tut noch alles wie sonst? rasiert seinen Hauptmann?

WOYZECK. Jawohl.

DOKTOR. Ißt seine Erbsen?

WOYZECK. Immer ordentlich, Herr Doktor. Das Geld für die Menage kriegt meine Frau.

DOKTOR. Tut seinen Dienst?

WOYZECK. Jawohl.

DOKTOR. Er ist ein interessanter Kasus. Subjekt Woyzeck, Er kriegt Zulage, halt Er sich brav! Zeig Er seinen Puls. Ja.

Mariens Kammer

Marie. Tambourmajor.

TAMBOURMAJOR. Marie!

MARIE *(ihn ansehend, mit Ausdruck)*. Geh einmal vor dich hin! – Über die Brust wie ein Rind und ein Bart wie ein Löw. So ist keiner! – Ich bin stolz vor allen Weibern!

TAMBOURMAJOR. Wenn ich am Sonntag erst den großen Federbusch hab und die weiße Handschuh, Donnerwetter! Der Prinz sagt immer: Mensch, Er ist ein Kerl!

MARIE *(spöttisch)*. Ach was! – *(Tritt vor ihn hin.)* Mann!

TAMBOURMAJOR. Und du bist auch ein Weibsbild! Sapperment, wir wollen eine Zucht von Tambourmajors anlegen. He? *(Er umfaßt sie.)*

MARIE *(verstimmt)*. Laß mich!

TAMBOURMAJOR. Wild Tier!

MARIE *(heftig)*. Rühr mich an!

TAMBOURMAJOR. Sieht dir der Teufel aus den Augen?

MARIE. Meinetwegen! Es ist alles eins!

Straße

Hauptmann. Doktor.
Hauptmann keucht die Straße herunter, hält an; keucht, sieht sich um.

HAUPTMANN. Herr Doktor, rennen Sie nicht so! Rudern Sie mit Ihrem Stock nicht so in der Luft! Sie hetzen sich ja hinter dem Tod drein. Ein guter Mensch, der sein gutes Gewissen hat, geht nicht so schnell. Ein guter Mensch – *(Er erwischt den Doktor am Rock.)* Herr Doktor, erlauben Sie, daß ich ein Menschenleben rette!

DOKTOR. Pressiert. Herr Hauptmann, pressiert!

HAUPTMANN. Herr Doktor, ich bin so schwermütig, ich habe so was Schwärmerisches; ich muß immer weinen, wenn ich meinen Rock an der Wand hängen sehe –

DOKTOR. Hm! Aufgedunsen, fett, dicker Hals: apoplektische Konstitution. Ja, Herr Hauptmann, Sie können eine Apoplexia cerebri kriegen; Sie können sie aber vielleicht auch nur auf der einen Seite bekommen und dann auf der einen gelähmt sein, oder aber Sie können im besten Fall geistig gelähmt werden und nur fort vegetieren: das sind so ohngefähr Ihre Aussichten auf die nächsten vier Wochen! Übrigens kann ich Sie versichern, daß Sie einen von den interessanten Fällen abgeben, und wenn Gott will, daß Ihre Zunge zum Teil gelähmt wird, so machen wir die unsterblichsten Experimente.

HAUPTMANN. Herr Doktor, erschrecken Sie mich nicht! Es sind schon Leute am Schreck gestorben, am bloßen hellen Schreck. – Ich sehe schon die Leute mit den Zitronen in den Händen; aber sie werden sagen, er war ein guter Mensch, ein guter Mensch – Teufel Sargnagel!

DOKTOR *(hält ihm den Hut hin)*. Was ist das, Herr Hauptmann? – Das ist Hohlkopf, geehrtester Herr Exerzierzagel!

HAUPTMANN *(macht eine Falte)*. Was ist das, Herr Doktor? – Das ist Einfalt, bester Herr Sargnagel! Hähähä! Aber nichts für ungut! Ich bin ein guter Mensch, aber ich kann auch, wenn ich will, Herr Doktor, hähähä, wenn ich will … *(Woyzeck kommt und will vorbeieilen.)* He, Woyzeck, was hetzt Er sich so an uns vorbei. Bleib Er doch, Woyzeck! Er läuft ja wie ein offnes Rasiermesser durch die Welt, man schneidt sich an Ihm; Er läuft, als hätt Er ein Regiment Kastrierte zu rasieren und würde gehenkt über dem letzten Haar noch vorm Verschwinden. Aber, über die langen Bärte – was wollt ich doch sagen? Woyzeck: die langen Bärte …

DOKTOR. Ein langer Bart unter dem Kinn, schon Plinius spricht davon, man müßt es den Soldaten abgewöhnen …

HAUPTMANN *(fährt fort)*. Ha! über die langen Bärte! Wie is, Woyzeck, hat Er noch nicht ein Haar aus einem Bart in seiner Schüssel gefunden? He, Er versteht mich doch? Ein Haar von einem Menschen, vom Bart eines Sapeurs, eines Unteroffiziers, eines – Tambourmajors? He, Woyzeck? Aber Er hat eine brave Frau. Geht ihm nicht wie andern.

WOYZECK. Jawohl! Was wollen Sie sagen, Herr Hauptmann?

HAUPTMANN. Was der Kerl ein Gesicht macht! … Vielleicht nun auch nicht in der Suppe, aber wenn Er sich eilt und um die Ecke geht, so kann Er vielleicht noch auf ein Paar Lippen eins finden. Ein Paar Lippen, Woyzeck – ich habe auch das Lieben gefühlt, Woyzeck. Kerl, Er ist ja kreideweiß!

WOYZECK. Herr Hauptmann, ich bin ein armer Teufel – und hab

sonst nichts auf der Welt. Herr Hauptmann, wenn Sie Spaß machen –

HAUPTMANN. Spaß, ich? Daß dich Spaß, Kerl!

DOKTOR. Den Puls, Woyzeck, den Puls! – Klein, hart, hüpfend, unregelmäßig.

WOYZECK. Herr Hauptmann, die Erd is höllenheiß – mir eiskalt, eiskalt – Die Hölle is kalt, wollen wir wetten. – – Unmöglich! Mensch! Mensch! unmöglich!

HAUPTMANN. Kerl, will Er – will Er ein paar Kugeln vor den Kopf haben? Er ersticht mich mit seinen Augen, und ich mein es gut mit Ihm, weil Er ein guter Mensch ist, Woyzeck, ein guter Mensch.

DOKTOR. Gesichtsmuskeln starr, gespannt, zuweilen hüpfend. Haltung aufgeregt, gespannt.

WOYZECK. Ich geh. Es is viel möglich. Der Mensch! Es is viel möglich. – Wir haben schönes Wetter, Herr Hauptmann. Sehn Sie, so ein schöner, fester, grauer Himmel; man könnt Lust bekommen, ein' Kloben hineinzuschlagen und sich daran zu hängen, nur wegen des Gedankenstrichels zwischen Ja und wieder Ja – und Nein. Herr Hauptmann, Ja und Nein? Ist das Nein am Ja oder das Ja am Nein schuld? Ich will drüber nachdenken. *(Geht mit breiten Schritten ab, erst langsam, dann immer schneller.)*

DOKTOR *(schießt ihm nach).* Phänomen! Woyzeck, Zulage!

HAUPTMANN. Mir wird ganz schwindlig vor den Menschen. Wie schnell! Der lange Schlingel greift aus, als läuft der Schatten von einem Spinnbein, und der Kurze, das zuckelt. Der Lange ist der Blitz und der Kleine der Donner. Haha … Grotesk! grotesk!

Mariens Kammer

Marie. Woyzeck.

WOYZECK *(sieht sie starr an und schüttelt den Kopf)*. Hm! Ich
seh nichts, ich seh nichts. O, man müßte sehen, man müßts
greifen könne mit Fäusten!

MARIE *(verschüchtert)*. Was hast du, Franz? – Du bist hirnwütig,
Franz.

WOYZECK. Eine Sünde, so dick und so breit – es stinkt, daß man
die Engelchen zum Himmel hinausräuchern könnt! Du hast
ein' roten Mund, Marie. Keine Blase drauf? Wie, Marie, du
bist schön wie die Sünde – kann die Todsünde so schön sein?

MARIE. Franz, du redst im Fieber!

WOYZECK. Teufel! – Hat er da gestanden? so? so?

MARIE. Dieweil der Tag lang und die Welt alt is, können viel
Menschen an einem Platz stehn, einer nach dem andern.

WOYZECK. Ich hab ihn gesehn!

MARIE. Man kann viel sehn, wenn man zwei Auge hat und nicht
blind is und die Sonne scheint.

WOYZECK. Mensch! *(Geht auf sie los.)*

MARIE. Rühr mich an, Franz! Ich hätt lieber ein Messer in den
Leib als deine Hand auf meiner. Mein Vater hat mich nit anzu-
greifen gewagt, wie ich zehn Jahr alt war, wenn ich ihn ansah.

WOYZECK. Weib! – Nein, es müßte was an dir sein! Jeder Mensch
is ein Abgrund; es schwindelt einem, wenn man hinabsieht. –
Es wäre! Sie geht wie die Unschuld. Nun, Unschuld, du hast ein
Zeichen an dir. Weiß ichs? weiß ichs? Wer weiß es? *(Er geht.)*

Die Wachstube

Woyzeck. Andres.

ANDRES *(singt)*.
   Frau Wirtin hat ne brave Magd,

> Sie sitzt im Garten Tag und Nacht,
> Sie sitzt in ihrem Garten …

WOYZECK. Andres!

ANDRES. Nu?

WOYZECK. Schön Wetter.

ANDRES. Sonntagssonnwetter – Musik vor der Stadt. Vorhin sind die Weibsbilder hinaus; die Mensche dampfe, das geht!

WOYZECK *(unruhig)*. Tanz, Andres, sie tanze!

ANDRES. Im Rössel und in Sternen.

WOYZECK. Tanz, Tanz!

ANDRES. Meintwege.

> Sie sitzt in ihrem Garten,
> Bis daß das Glöcklein zwölfe schlägt,
> Und paßt auf die Solda–aten.

WOYZECK. Andres, ich hab kei Ruh.

ANDRES. Narr!

WOYZECK. Ich muß hinaus. Es dreht sich mir vor den Augen. Tanz, Tanz! Wird sie heiße Händ habe! Verdammt, Andres!

ANDRES. Was willst du?

WOYZECK. Ich muß fort, muß sehen.

ANDRES. Du Unfried! Wegen dem Mensch?

Woyzeck. Ich muß hinaus, 's is so heiß dahie.

Wirtshaus

Die Fenster offen, Tanz. Bänke vor dem Haus. Bursche.

ERSTER HANDWERKSBURSCH.

> Ich hab ein Hemdlein an, das ist nicht mein;
> Meine Seele stinkt nach Branndewein –

ZWEITER HANDWERKSBURSCH. Bruder, soll ich dir aus Freundschaft ein Loch in die Natur machen? Vorwärts! Ich will ein Loch in die Natur machen! Ich bin auch ein Kerl, du weißt – ich will ihm alle Flöh am Leib totschlagen.

ERSTER HANDWERKSBURSCH. Meine Seele, meine Seele stinkt
nach Branndewein! – Selbst das Geld geht in Verwesung über!
Vergißmeinnicht, wie ist diese Welt so schön! Bruder, ich muß
ein Regenfaß voll greinen vor Wehmut. Ich wollt, unsre Nasen
wären zwei Bouteillen, und wir könnten sie uns einander in
den Hals gießen.

ANDRE *(im Chor).*

    Ein Jäger aus der Pfalz
    Ritt einst durch einen grünen Wald.
    Halli, hallo, ha lustig ist die Jägerei
    Allhier auf grüner Heid.
    Das Jagen ist mei Freud.

*Woyzeck stellt sich ans Fenster. Marie und der Tambourmajor
tanzen vorbei, ohne ihn zu bemerken.*

WOYZECK. Er! Sie! Teufel!

MARIE *(im Vorbeitanzen).* Immer zu, immer zu –

WOYZECK *(erstickt).* Immer zu – immer zu! *(Fährt heftig auf
und sinkt zurück auf die Bank.)* Immer zu, immer zu! *(Schlägt
die Hände ineinander.)* Dreht euch, wälzt euch! Warum bläst
Gott nicht die Sonn aus, daß alles in Unzucht sich übereinan-
der wälzt, Mann und Weib, Mensch und Vieh?! Tuts am hellen
Tag, tuts einem auf den Händen wie die Mücken! – Weib! Das
Weib is heiß, heiß! – Immer zu, immer zu! *(Fährt auf.)* Der
Kerl, wie er an ihr herumgreift, an ihrem Leib! Er, er hat sie –
wie ich zu Anfang. *(Er sinkt betäubt zusammen.)*

ERSTER HANDWERKSBURSCH *(predigt auf dem Tisch).* Jedoch,
wenn ein Wandrer, der gelehnt steht an dem Strom der Zeit oder
aber sich die göttliche Weisheit beantwortet und sich anredet:
Warum ist der Mensch? Warum ist der Mensch? – Aber wahr-
lich, ich sage euch: Von was hätte der Landmann, der Weiß-
binder, der Schuster, der Arzt leben sollen, wenn Gott den
Menschen nicht geschaffen hätte? Von was hätte der Schneider
leben sollen, wenn er dem Menschen nicht die Empfindung der

Scham eingepflanzt hätte, von was der Soldat, wenn er ihn nicht mit dem Bedürfnis sich totzuschlagen ausgerüstet hätte? Darum zweifelt nicht – ja, ja, es ist lieblich und fein, aber alles Irdische ist übel, selbst das Geld geht in Verwesung über. Zum Beschluß, meine geliebten Zuhörer, laßt uns noch übers Kreuz pissen, damit ein Jud stirbt! *(Unter allgemeinem Gejohle erwacht Woyzeck und rast davon.)*

Freies Feld

WOYZECK. Immer zu! immer zu! – Hisch! hasch! so gehn die Geigen und die Pfeifen. – Immer zu! immer zu! – Still, Musik! Was spricht da unten? *(Reckt sich gegen den Boden.)* Ha! was, was sagt ihr? Lauter! lauter! Stich, stich die Zickwolfin tot? – stich, stich die – Zickwolfin tot! – Soll ich? muß ich? – Hör ichs da auch? – Sagts der Wind auch? – Hör ichs immer, immer zu: stich tot, tot!

Ein Zimmer in der Kaserne

Nacht. Andres und Woyzeck in einem Bett.

WOYZECK *(leise)*. Andres!
ANDRES *(murmelt im Schlaf.)*
WOYZECK *(schüttelt Andres)*. He, Andres! Andres!
ANDRES. Na, was is?
WOYZECK. Ich kann nit schlafen! Wenn ich die Aug zumach, dreht sichs immer, und ich hör die Geigen, immer zu, immer zu. Und dann sprichts aus der Wand. Hörst du nix?
ANDRES. Ja – laß sie tanze! Einer is müd, und dann Gott behüt uns, Amen.
WOYZECK. Es redt immer: stich! stich! und zieht mir zwischen den Augen wie ein Messer –
ANDRES. Schlaf, Narr. *(Er schläft wieder ein.)*
WOYZECK. Immer zu! Immer zu!

Der Hof des Doktors

Studenten und Woyzeck unten, der Doktor am Dachfenster.

DOKTOR. Meine Herren, ich bin auf dem Dach wie David, als er die Bathseba sah; aber ich sehe nichts als die culs de Paris der Mädchenpension im Garten trocknen. Meine Herren, wir sind an der wichtigen Frage über das Verhältnis des Subjekts zum Objekt. Wenn wir nur eins von den Dingen nehmen, worin sich die organische Selbstaffirmation des Göttlichen, auf einem so hohen Standpunkte, manifestiert, und ihre Verhältnisse zum Raum, zur Erde, zum Planetarischen untersuchen, meine Herren, wenn ich diese Katze zum Fenster hinauswerfe: wie wird diese Wesenheit sich zum centrum gravitationis gemäß ihrem eigenen Instinkt verhalten? – He, Woyzeck, *(brüllt)* Woyzeck!

WOYZECK *(fängt die Katze auf).* Herr Doktor, sie beißt!

DOKTOR. Kerl, Er greift die Bestie so zärtlich an, als wärs seine Großmutter. *(Er kommt herunter.)*

WOYZECK. Herr Doktor, ich habs Zittern.

DOKTOR *(ganz erfreut).* Ei, ei! schön, Woyzeck! *(Reibt sich die Hände. Er nimmt die Katze.)* Was seh ich, meine Herren, die neue Spezies Hasenlaus, eine schöne Spezies ... *(Er zieht eine Lupe heraus, die Katze läuft fort.)* Meine Herren, das Tier hat keinen wissenschaftlichen Instinkt ... Sie können dafür was anders sehen. Sehen Sie: der Mensch, seit einem Vierteljahr ißt er nichts als Erbsen; bemerken Sie die Wirkung, fühlen Sie einmal: was ein ungleicher Puls! der und die Augen!

WOYZECK. Herr Doktor, es wird mir dunkel! *(Er setzt sich.)*

DOKTOR. Courage, Woyzeck! Noch ein paar Tage, und dann ists fertig. Fühlen Sie, meine Herren, fühlen Sie! *(Sie betasten ihm Schläfe, Puls und Busen.)* Apropos, Woyzeck, beweg den Herren doch einmal die Ohren! Ich hab es Ihnen schon zeigen wollen, zwei Muskeln sind bei ihm tätig. Allons, frisch!

WOYZECK. Ach, Herr Doktor!

DOKTOR. Bestie, soll ich dir die Ohren bewegen? Willst dus ma-
chen wie die Katze? So, meine Herren! Das sind so Übergän-
ge zum Esel, häufig auch die Folge weiblicher Erziehung und
die Muttersprache. Wieviel Haare hat dir die Mutter zum An-
denken schon ausgerissen aus Zärtlichkeit? Sie sind dir ja ganz
dünn geworden seit ein paar Tagen. Ja, die Erbsen, meine Her-
ren!

Kasernenhof

WOYZECK. Hast nix gehört?

ANDRES. Er is da, noch mit einem Kameraden.

WOYZECK. Er hat was gesagt.

ANDRES. Woher weißt dus? Was soll ichs sagen? Nu, er lachte,
und dann sagt' er: Ein köstlich Weibsbild! die hat Schenkel,
und alles so heiß!

WOYZECK *(ganz kalt).* So, hat er das gesagt? Von was hat mir
doch heut nacht geträumt? Wars nicht von einem Messer? Was
man doch närrische Träume hat!

ANDRES. Wohin, Kamerad?

WOYZECK. Meim Offizier Wein holen. – Aber, Andres, sie war
doch ein einzig Mädel.

ANDRES. Wer war?

WOYZECK. Nix. Adies! *(Ab.)*

Wirtshaus

Woyzeck. Woyzeck. Leute.

TAMBOURMAJOR. Ich bin ein Mann! *(Schlägt sich auf die Brust.)*
Ein Mann, sag ich. Wer will was? Wer kein besoffner Herrgott
ist, der laß sich von mir. Ich will ihm die Nas ins Arschloch
prügeln! Ich will – *(Zu Woyzeck.)* Du Kerl, sauf! Ich wollt, die
Welt wär Schnaps, Schnaps – der Mann muß saufen!

WOYZECK *(pfeift.)*

TAMBOURMAJOR. Kerl, soll ich dir die Zung aus dem Hals zie-
hen und sie um den Leib herumwickeln? *(Sie ringen, Woyzeck
verliert.)* Soll ich dir noch so viel Atem lassen als 'en Altwei-
berfurz, soll ich?

WOYZECK *(setzt sich erschöpft zitternd auf eine Bank.)*

TAMBOURMAJOR. Der Kerl soll dunkelblau pfeifen.

    Branndewein, das ist mein Leben,
    Branndwein gibt Courage!

EINE. Der hat sein Fett.

ANDRE. Er blut.

WOYZECK. Eins nach dem andern.

Kramladen

Woyzeck. Der Jude.

WOYZECK. Das Pistolchen ist zu teuer.

JUDE. Nu, kaufts oder kaufts nit, was is?

WOYZECK. Was kost das Messer?

JUDE. 's ist ganz grad. Wollt Ihr Euch den Hals mit abschneiden?
Nu, was is es? Ich gebs Euch so wohlfeil wie ein andrer. Ihr
sollt Euern Tod wohlfeil haben, aber doch nit umsonst. Was
ist es? Er soll einen ökonomischen Tod haben.

WOYZECK. Das kann mehr als Brot schneiden –

JUDE. Zwee Grosche.

WOYZECK. Da! *(Geht ab.)*

JUDE. Da! Als obs nichts wär! Und es is doch Geld. – Der Hund!

Mariens Kammer

NARR *(liegt und erzählt sich Märchen an den Fingern).* Der hat
die goldne Kron, der Herr König ... Morgen hol ich der Frau
Königin ihr Kind ... Blutwurst sagt: komm, Leberwurst ...

MARIE *(blättert in der Bibel).* »Und ist kein Betrug in seinem Munde erfunden« …Herrgott, Herrgott! Sieh mich nicht an! *(Blättert weiter.)* »Aber die Pharisäer brachten ein Weib zu ihm, im Ehebruch begriffen, und stelleten sie ins Mittel dar … Jesus aber sprach: So verdamme ich dich auch nicht. Geh hin und sündige hinfort nicht mehr!« *(Schlägt die Hände zusammen.)* Hergott! Herrgott! Ich kann nicht! – Herrgott, gib mir nur so viel, daß ich beten kann. *(Das Kind drängt sich an sie.)* Das Kind gibt mir einen Stich ins Herz. – *(Zum Narren.)* Karl! Das brüst' sich in der Sonne!

NARR *(nimmt das Kind und wird still.)*

MARIE. Der Franz ist nit gekommen, gestern nit, heut nit. Es wird heiß hier! *(Sie macht das Fenster auf und liest wieder.)* – »Und trat hinten zu seinen Füßen und weinete, und fing an, seine Füße zu netzen mit Tränen und mit den Haaren ihres Hauptes zu trocknen, und küssete seine Hände und salbete sie mit Salbe …« *(Schlägt sich auf die Brust.)* Alles tot! Heiland! Heiland! ich möchte dir die Füße salben! –

Kaserne

Andres. Woyzeck kramt in seinen Sachen.

WOYZECK. Das Kamisolchen, Andres, ist nit zur Montur: du kannsts brauchen, Andres.

ANDRES *(ganz starr, sagt zu allem)* Jawohl.

WOYZECK. Das Kreuz ist meiner Schwester und das Ringlein.

ANDRES. Jawohl.

WOYZECK. Ich hab auch noch ein Heiligen, zwei Herze und schön Gold – es lag in meiner Mutter Bibel, und da steht:

>   Herr! wie dein Leib war rot und wund,
>   So laß mein Herz sein aller Stund.

Mein Mutter fühlt nur noch, wenn ihr die Sonn auf die Händ scheint – das tut nix.

ANDRES. Jawohl.

WOYZECK *(zieht ein Papier hervor).* Friedrich Johann Franz Woyzeck, Wehrmann, Füsilier im 2. Regiment, 2 Bataillon, 4. Kompagnie, geboren Mariä Verkündigung, den 20. Juli – Ich bin heut alt 30 Jahr, 7 Monat und 12 Tage.

ANDRES. Franz, du kommst ins Lazarett. Armer, du mußt Schnaps trinken und Pulver drin, das töt' das Fieber.

WOYZECK. Ja, Andres, wenn der Schreiner die Hobelspäne sammelt, es weiß niemand, wer seinen Kopf drauflegen wird.

Straße

Marie mit Mädchen vor der Haustür, Großmutter;
später Woyzeck.

MÄDCHEN. Wie scheint die Sonn am Lichtmeßtag
Und steht das Korn im Blühn.
Sie gingen wohl die Wiese hin,
Sie gingen zu zwein und zwein.
Die Pfeifer gingen voran,
Die Geiger hinterdrein
Sie hatten rote Socken an …

ERSTES KIND. Das ist nit schön.

ZWEITES KIND. Was willst du auch immer!

ERSTES KIND. Marie, sing du uns!

MARIE. Ich kann nit.

ERSTES KIND. Warum?

MARIE. Darum.

ZWEITES KIND. Aber warum darum?

DRITTES KIND. Großmutter, erzähl!

GROSSMUTTER. Kommt, ihr kleinen Krabben! – Es war einmal ein arm Kind und hatt kein Vater und keine Mutter, war alles tot, und war niemand mehr auf der Welt. Alles tot, und es is hingangen und hat gesucht Tag und Nacht. Und weil auf der

Erde niemand mehr war, wollts in Himmel gehn, und der Mond guckt es so freundlich an; und wie es endlich zum Mond kam, wars ein Stück faul Holz. Und da is es zur Sonn gangen, und wie es zur Sonn kam, wars ein verwelkt Sonneblum. Und wies zu den Sternen kam, warens kleine goldne Mücken, die waren angesteckt, wie der Neuntöter sie auf die Schlehen steckt. Und wies wieder auf die Erde wollt, war die Erde ein umgestürzter Hafen. Und es war ganz allein. Und da hat sichs hingesetzt und geweint, und da sitzt es noch und is ganz allein.

WOYZECK *(erscheint).* Marie!

MARIE *(erschreckt).* Was is?

WOYZECK. Marie, wir wollen gehn. 's ist Zeit.

MARIE. Wohin.

Woyzeck. Weiß ichs?

Waldsaum am Teich

Marie und Woyzeck.

MARIE. Also dort hinaus is die Stadt. 's is finster.

WOYZECK. Du sollst noch bleiben. Komm, setz dich!

MARIE. Aber ich muß fort.

WOYZECK. Du wirst dir die Füß nit wund laufe.

MARIE. Wie bist du nur auch!

WOYZECK. Weißt du auch, wie lang es jetzt is, Marie?

Marie. Am Pfingsten zwei Jahr.

WOYZECK. Weißt du auch, wie lang es noch sein wird?

MARIE. Ich muß fort, das Nachtessen richten.

WOYZECK. Frierts dich, Marie? Und doch bist du warm. Was du heiße Lippen hast! heiß, heißen Hurenatem! Und doch möcht ich den Himmel geben, sie noch einmal zu küssen. – Frierts dich? Wenn man kalt ist, so friert man nicht mehr. Du wirst vom Morgentau nicht frieren.

MARIE. Was sagst du?

WOYZECK. Nix. *(Schweigen.)*

MARIE. Was der Mond rot aufgeht!

WOYZECK. Wie ein blutig Eisen.

MARIE. Was hast du vor? Franz, du bist so blaß. – *(Er holt mit dem Messer aus.)* Franz, halt ein! Um des Himmels willen, Hilfe, Hilfe!

WOYZECK *(sticht drauflos)*. Nimm das und das! Kannst du nicht sterben? So! so! – Ha, sie zuckt noch; noch nicht? noch nicht? Immer noch *(stößt nochmals zu)*. – Bist du tot? Tot! tot! *(Er läßt das Messer fallen und läuft weg.)*

Das Wirtshaus

WOYZECK. Tanzt alle, immer zu! schwitzt und stinkt! Er holt euch doch einmal alle. *(Singt.)*

> Ach, Tochter, liebe Tochter,
> Was hast du gedenkt,
> Daß du dich an die Landkutscher
> Und die Fuhrleut hast gehenkt.

(Er tanzt.) So, Käthe! setz dich! Ich hab heiß, heiß! *(Er zieht den Rock aus.)* Es ist einmal so, der Teufel holt die eine und läßt die andre laufen. Käthe, du bist heiß! Warum denn? Käthe, du wirst auch noch kalt werden. Sei vernünftig. – Kannst du nicht singen?

KÄTHE *(singt.)*

> Ins Schwabenland, das mag ich nicht,
> Und lange Kleider trag ich nicht,
> Denn lange Kleider, spitze Schuh,
> Die kommen keiner Dienstmagd zu.

WOYZECK. Nein, keine Schuh, man kann auch ohne Schuh in die Hölle gehn.

KÄTHE *(singt)*.

> O pfui, mein Schatz, das war nicht fein,
> Behalt dein Taler und schlaf allein.

WOYZECK. Ja, wahrhaftig, ich möchte mich nicht blutig machen.

KÄTHE. Aber was hast du an deiner Hand?

WOYZECK. Ich? ich?

KÄTHE. Rot! Blut! *(Es stellen sich Leute um sie.)*

WOYZECK. Blut? Blut?

WIRT. Uu – Blut!

WOYZECK. Ich glaub, ich hab mich geschnitten, da an der rechten Hand.

WIRT. Wie kommts aber an den Ellenbogen?

WOYZECK. Ich habs abgewischt.

WIRT. Was, mit der rechten Hand an den rechten Ellenbogen? Ihr seid geschickt!

NARR. Und da hat der Ries gesagt: Ich riech, ich riech Menschenfleisch. Ph, das stinkt schon!

WOYZECK. Teufel, was wollt ihr? Was gehts euch an? Platz, oder der erste – Teufel! Meint ihr, ich hätt jemand umgebracht? Bin ich ein Mörder? Was gafft ihr? Guckt euch selbst an! Platz da! *(Er läuft hinaus.)*

Am Teich

Woyzeck allein.

Das Messer? Wo ist das Messer? Ich hab es da gelassen. Es verrät mich! Näher, noch näher! Was is das für ein Platz? Was hör ich? Es rührt sich was. Still. – Da in der Nähe. Marie? Ha, Marie! Still. Alles still! Was bist du so bleich, Marie? Was hast du eine rote Schnur um den Hals? Bei wem hast du das Halsband verdient mit deinen Sünden? Du warst schwarz davon, schwarz! Hab ich dich gebleicht? Was hängen deine Haare so wild? Hast du deine Zöpfe heut nicht geflochten? … – Das Messer, das Messer! Hab ichs? So! *(Er läuft zum Wasser.)* So, da hinunter! *(Er wirft das Messer hinein.)* Es taucht in das dunkle Wasser wie ein Stein. – Nein, es liegt zu weit vorn, wenn sie sich baden. *(Er geht in den Teich und wirft weit.)* So, jetzt – aber im Sommer, wenn sie tauchen nach Muscheln? – Bah, es wird rostig, wer kanns erkennen. – Hätt ich es zerbrochen! – – Bin ich noch blutig? Ich muß mich waschen. Da ein Fleck, und da noch einer ...

(Es kommen Leute.)

ERSTE PERSON. Halt!

ZWEITE PERSON. Hörst du? Still! Dort!

ERSTE. Uu! Da! Was ein Ton!

ZWEITE. Es ist das Wasser, es ruft: schon lang ist niemand ertrunken. Fort! es ist nicht gut, es zu hören!

ERSTE. Uu! jetzt wieder! – wie ein Mensch, der stirbt!

ZWEITE. Es ist unheimlich! So dunstig, allenthalben Nebelgrau – und das Summen der Käfer wie gesprungene Glocken. Fort!

ERSTE. Nein, zu deutlich, zu laut! Da hinauf! Komm mit!

Straße

Kinder.

ERSTES KIND. Fort zu Margrethln (Marien)!

ZWEITES KIND. Was is?

ERSTES KIND. Weißt dus nit? Sie sind schon alle hinaus. Drauß liegt eine!

ZWEITES KIND. Wo?

ERSTES KIND. Links über die Loh in das Wäldchen am roten Kreuz.

ZWEITES KIND. Kommt schnell, daß wir noch was sehen. Sie tragens sonst hinein.

Am Teich

Gerichtsdiener, Barbier (Woyzeck), Arzt, Richter.

POLIZIST. Ein guter Mord, ein echter Mord, ein schöner Mord, so schön, als man ihn nur verlangen tun kann; wir haben schon lange so keinen gehabt.

Schriften

Cato von Utica

Groß und erhaben ist es, den Menschen im Kampfe mit der Natur zu sehen, wenn er gewaltig sich stemmt gegen die Wut der entfesselten Elemente und, vertrauend der Kraft seines Geistes, nach seinem Willen die rohen Kräfte der Natur zügelt. Aber noch erhabener ist es, den Menschen zu sehen im Kampfe mit seinem Schicksale, wenn er es wagt, einzugreifen in den Gang der Weltgeschichte, wenn er an die Erreichung seines Zwecks sein Höchstes, sein Alles setzt. Wer nur *einen* Zweck und kein Ziel bei der Verfolgung desselben sich vorgesteckt, gibt den Widerstand nie auf, er siegt – oder stirbt. Solche Männer waren es, welche, wenn die ganze Welt feige ihren Nacken dem mächtig über sie hinrollenden Zeitrade beugte, kühn in die Speichen desselben griffen, und es entweder in seinem Umschwunge mit gewaltiger Hand zurückschnellten oder, von seinem Gewichte zermalmt, einen rühmlichen Tod fanden, d. h. sich mit dem Reste des Lebens *Unsterblichkeit* erkauften. Solche Männer, die unter den Millionen, welche auch aus dem Schoß der Erde kriechen, ewig am Staube kleben und wie Staub vergehn und vergessen werden, sich zu erheben, sich Unvergänglichkeit zu erkämpfen wagten, solche Männer sind es, die gleich Meteoren aus dem Dunkel des menschlichen Elends und Verderbens hervorstrahlen. Sie durchkreuzen wie Kometen die Bahn der Jahrhunderte; so wenig die Sternkunde den Einfluß der einen, ebensowenig kann die Politik den der andern berechnen. In ihrem exzentrischen Laufe scheinen sie nur Irrbahnen zu beschreiben, bis die großen Wirkungen dieser Phänomene beweisen, daß ihre Erscheinung lange vorher durch jene Vorsehung angeordnet war, deren Gesetze ebenso unerforschlich als unabänderlich sind. –

Jedes Zeitalter kann uns Beispiele solcher Männer aufweisen, doch alle waren von jeher der verschiedenartigsten Beurteilung unterworfen. Die Ursache hiervon ist, daß jede Zeit *ihren* Maß-

stab an die Helden der Gegenwart oder Vergangenheit legt, daß
sie nicht richtet nach dem eigentlichen Werte dieser Männer, son-
dern daß ihre Auffassung und Beurteilung derselben stets be-
stimmt und unterschieden ist durch die Stufe, auf der *sie selbst*
steht. Wie fehlerhaft eine solche Beurteilung sei, wird nieman-
dem entgehen: für einen Riesen paßt nicht das Maß eines Zwergs;
eine kleine Zeit darf nicht einen Mann beurteilen wollen, von
dem sie nicht *einen* Gedanken fassen und ertragen könnte. Wer
will dem Adler die Bahn vorschreiben, wenn er die Schwingen
entfaltet und stürmischen Flugs sich zu den Sternen erhebt? Wer
will die zerknickten Blumen zählen, wenn der Sturm über die Er-
de braust und die Nebel zerreißt, die dumpfbrütend über dem
Leben liegen? Wer will nach den Meinungen und Motiven eines
Kindes wägen und verdammen, wenn Ungeheures geschieht, wo
es sich um Ungeheures handelt? Die Lehre dieser Beobachtung
ist: man darf die Ereignisse und ihre Wirkungen nicht beurteilen,
wie sie *äußerlich* sich darstellen, sondern man muß ihren *inneren
tiefen* Sinn zu ergründen suchen, und dann wird man das *Wahre*
finden. –

Ich glaube erst dieses vorausschicken zu müssen, um bei der
Behandlung eines so schwierigen Themas zu zeigen, von wel-
chem Standpunkte man bei der Beurteilung eines Mannes, man
bei der Beurteilung eines alten Römers ausgehen müsse, um zu
beweisen, daß man an einem Cato nicht den Maßstab unsrer Zeit
anlegen, daß man seine Tat nicht nach neueren Grundsätzen und
Ansichten beurteilen könne.

Man hört nämlich so oft behaupten: *subjektiv* ist Cato zu
rechtfertigen, *objektiv* zu verdammen, d. h. von unserm, vom
christlichen Standpunkte aus ist Cato ein Verbrecher, von seinem
eigenen aus ein Held. Wie man aber diesen christlichen Stand-
punkt hier anwenden könne, ist mir immer ein Rätsel geblieben.
Es ist ja doch ein ganz eigner Gedanke, einen alten Römer nach
dem Katechismus kritisieren zu wollen! Denn da man die Hand-
lungen eines Mannes nur dann zu beurteilen vermag, wenn man

sie mit seinem Charakter, seinen Grundsätzen und seiner Zeit zusammenstellt, so ist nur *ein* Standpunkt, und zwar der *subjektive,* zu billigen und jeder andre, zumal in diesem Falle der christliche, gänzlich zu verwerfen. So wenig als Cato Christ war, ebensowenig kann man die christlichen Grundsätze auf ihn anwenden wollen; er ist nur als *Römer* und *Stoiker* zu betrachten. Diesem Grundsatze gemäß werde ich alle Einwürfe, wie z. B. »Es ist nicht erlaubt, sich das Leben zu nehmen, das man sich nicht selbst gegeben« oder »Der Selbstmord ist ein Eingriff in die Rechte Gottes« ganz und gar nicht berücksichtigen und nur die zu widerlegen suchen, welche man Cato vom Standpunkte des Römers aus machen könnte, wobei es unumgänglich notwendig ist, vorerst eine kurze, aber getreue Schilderung seines Charakters und seiner Grundsätze zu entwerfen. –

Cato war einer der untadelhaftesten Männer, den die Geschichte uns zeigt. Er war streng, aber nicht grausam; er war bereit, andern viel größere Fehler zu verzeihen als sich selbst. Sein Stolz und seine Härte waren mehr die Wirkung seiner Grundsätze als seines Temperaments. Voll unerschütterlicher Tugend, wollte er lieber tugendhaft *sein* als *scheinen.* Gerecht gegen Fremde, begeistert für sein Vaterland, nur das *Wohl* seiner Mitbürger, nicht ihre *Gunst* beachtend, erwarb er sich um so größeren Ruhm, je weniger er ihn begehrte. Seine große Seele faßte ganz die großen Gedanken: *Vaterland, Ehre* und *Freiheit.* Sein verzweifelter Kampf gegen Cäsar war die Folge seiner reinsten Überzeugung, sein Leben und sein Tod den Grundsätzen der Stoiker gemäß, die da behaupteten: »Die Tugend sei die wahre, von Lohn und Strafe ganz unabhängige Harmonie des Menschen mit sich selbst, die durch die Herrschaft über die Leidenschaften erlangt werde; diese Tugend setze die höchste innre Ruhe und Erhabenheit über die Affektionen sinnlicher Lust und Unlust voraus; sie mache den Weisen nicht gefühllos, aber unverwundbar und gebe ihm eine Herrschaft über sein Leben, die auch den Selbstmord erlaube.«

Solche Gefühle und Grundsätze in der Brust, stand Cato da,

wie ein Gigant unter Pygmäen, wie der Heros einer unterge-
gangnen Heldenzeit, wie ein ungeheurer, unbegreiflicher Rie-
senbau, erhaben über seine Zeit, erhaben selbst über menschli-
che Größe. Nur ein Mann stand ihm gegenüber. Er war *Julius
Cäsar*. Beide waren gleich an Geisteskräften, gleich an Macht
und Ansehn, aber beide ganz verschiednen Charakters. *Cato* der
letzte Römer, *Cäsar* nichts mehr als ein glücklicher Catilina; *Ca-
to* groß durch sich selbst, *Cäsar* groß durch sein Glück, mit dem
größten Verbrechen geadelt durch den Preis seines Verbrechens.
Für zwei solcher Männer war der Erdkreis zu eng. Einer mußte
fallen, und *Cato* fiel, nicht als ein Opfer der Überlegenheit *Cä-
sars*, sondern seiner verdorbnen Zeit. Anderthalbe hundert Jah-
re zuvor hätte kein Cäsar gesiegt. –

Nach Cäsars Siege bei *Thapsus* hatte Cato die Hoffnung seines
Lebens verloren; nur von wenigen Freunden begleitet, begab er
sich nach Utica, wo er noch die letzten Anstrengungen machte,
die Bürger für die Sache der Freiheit zu gewinnen. Doch als er
sah, daß in ihnen nur Sklavenseelen wohnten, als Rom von sei-
nem Herzen sich losriß, als er nirgends mehr ein Asyl fand für
die Göttin seines Lebens, da hielt er es für das einzig Würdige,
durch einen besonnenen Tod seine freie Seele zu retten. Voll der
zärtlichsten Liebe sorgte er für seine Freunde, kalt und ruhig
überlegte er seinen Entschluß, und als alle Bande zerrissen, die
ihn an das Leben fesselten, gab er sich mit sichrer Hand den To-
desstoß und starb, durch seinen Tod einen würdigen Schlußstein
auf den Riesenbau seines Lebens setzend. Solch ein Ende konn-
te allein einer so großen Tugend in einer so heillosen Zeit gezie-
men!

So verschieden nun die Beurteilungen dieser Handlung sind,
ebenso verschieden sind auch die Motive, die man ihr zum
Grunde legt. Doch ich denke, ich habe nicht nötig, hier die
zurückzuweisen, welche von Eitelkeit, Ruhmsucht, Halsstarrig-
keit und dergleichen kleinlichen Gründen mehr reden (solche
Gefühle hatten keinen Raum in der Brust eines Cato!), oder gar

die zurückzuweisen, welche mit dem Gemeinplatz der Feigheit angezogen kommen. Ihre Widerlegung liegt schon in der bloßen Schilderung seines Charakters, der nach dem einstimmigen Zeugnis aller alten Schriftsteller so groß war, daß selbst *Vellejus Paterculus* von ihm sagt: *homo virtuti simillimus et per omnia ingenio diis quam hominibus, propior.*

Andre, die der Wahrheit schon etwas näher kamen und auch [die] meisten Anhänger fanden, behaupteten, der Beweggrund zum Selbstmord sei ein unbeugsamer Stolz gewesen, der nur vom Tode sich habe wollen besiegen lassen. Wahrlich, wäre dies das wahre Motiv, so liegt schon etwas Großes und Erhabnes in dem Gedanken, mit dem Tode die Gerechtigkeit der Sache, für die man streitet, besiegeln zu wollen. Es gehört ein großer Charakter dazu, sich zu einem solchen Entschluß erheben zu können. Aber auch nicht einmal dieser Beweggrund war es – es war ein höherer. Catos große Seele war ganz erfüllt von einem unendlichen Gefühle für *Vaterland* und *Freiheit,* das sein ganzes Leben durchglühte. Diese beiden Gedanken waren die Zentralsonne, um die sich alle seine Gedanken und Handlungen drehten. Den Fall seines Vaterlandes hätte Cato überleben können, wenn er ein Asyl für die andre Göttin seines Lebens, für die *Freiheit,* gefunden hätte. *Er fand es nicht.* Der Weltball lag in Roms Banden, alle Völker waren Sklaven, frei allein der Römer. Doch als auch dieser endlich seinem Geschicke erlag, als das Heiligtum der Gesetze zerrissen, als der Altar der Freiheit zerstört war, da war Cato der *einzige* unter Millionen, der *einzige* unter den Bewohnern einer Welt, der sich das Schwert in die Brust stieß, um unter Sklaven nicht leben zu müssen; denn Sklaven waren die Römer, sie mochten in goldnen oder ehernen Fesseln liegen – sie waren *gefesselt.* Der Römer kannte nur *eine* Freiheit, sie war das Gesetz, dem er sich aus *freier* Überzeugung als *notwendig* fügte; diese Freiheit hatte Cäsar zerstört, Cato war Sklave, wenn er sich dem Gesetz der Willkür beugte. *Und war auch Rom der Freiheit nicht wert, so war doch die Freiheit selbst wert, daß Cato für sie lebte und starb.* Nimmt man diesen Beweggrund an, so ist Cato gerechtfertigt; ich sehe nicht ein, warum man sich so sehr bemüht, einen niedrigern hervorzuheben; ich kann nicht begreifen, warum man einem Manne, dessen Leben und Charakter makellos sind, das Ende seines Lebens schänden will. Der Beweggrund, den ich seiner Handlung zugrunde lege, stimmt mit seinem ganzen Charakter überein, ist seines ganzen Lebens würdig, und also der wahre. –

Diese Tat läßt sich jedoch noch von einem anderen Standpunkte aus beurteilen, nämlich von dem der *Klugheit* und der *Pflicht*. Man kann nämlich sagen: Handelte Cato auch klug? hätte er nicht versuchen können, die Freiheit, deren Verlust ihn tötete, seinem Volke wieder zu erkämpfen? Und hätte er, wenn auch dieses nicht der Fall gewesen wäre, sich nicht dennoch seinen Mitbürgern, seinen Freunden, seiner Familie erhalten *müssen?*

Der erste Einwurf läßt sich widerlegen durch die Geschichte. Cato mußte bei einigem Blick in sie wissen und wußte es, daß Rom sich nicht mehr erheben könne, daß es einen Tyrannen nötig habe, und daß für einen despotisch beherrschten Staat nur Rettung in dem Untergang sei. Wäre es ihm auch gelungen, selbst Cäsarn zu besiegen, Rom blieb dennoch Sklavin; aus dem Rumpfe der Hyder wären nur neue Rachen hervorgewachsen. Die Geschichte bestätigt diese Behauptung. Die Tat eines *Brutus* war nur ein leeres Schattenbild einer untergegangenen Zeit. Was hätte es also Cato genützt, wenn er noch länger die Flamme des Bürgerkrieges entzündet, wenn er auch Roms Schicksal noch um einige Jahre aufgehalten hätte? *Er sah, Rom und mit ihm die Freiheit war nicht mehr zu retten.* –

Noch leichter läßt sich [der] andre Einwurf, als hätte Cato sich seinem, wenn auch unterjochten Vaterlande dennoch erhalten müssen, beseitigen. Es gibt Menschen, die ihrem größeren Charakter gemäß mehr zu allgemeinen großen Diensten für das Vaterland als zu besonderen Hülfsleistungen gegen einzelne Notleidende verpflichtet sind. Ein solcher war Cato. Sein großer Wirkungskreis war ihm genommen, seinen Grundsätzen gemäß konnte er nicht mehr handeln. Cato war zu groß, als daß er die freie Stirn dem Sklavenjoche des Usurpators hätte beugen, als daß er, um seinen Mitbürgern eine Gnade zu erbetteln, vor einem Cäsar hätte kriechen können. Kleineren Seelen überließ er dies; doch wie wenig durch Nachgeben und Fügsamkeit erreicht wurde, kann *Ciceros* Beispiel lehren. Cato hatte einen andern Weg eingeschlagen, noch den letzten großen Dienst seinem Vaterlande zu erweisen; ja ein Selbstmord war eine Aufopferung für dasselbe! Wäre Cato leben geblieben, hätte er sich mit Verleugnung aller seiner Grundsätze dem Usurpator unterworfen, so hätte dieses Leben die Billigung Cäsars enthalten; hätte er dies nicht gewollt, so hätte er in offnem Kampf auftreten und unnützes Blut vergießen müssen. Hier gab es *nur einen* Ausweg, er war der *Selbstmord*. Er war die Apologie des Cato, war die furchtbarste Anklage des Cäsar. Cato hätte nichts Größres für sein Vaterland tun können denn diese Tat, dieses Beispiel hätte alle Lebensgeister der entschlafnen Roma wecken müssen. Daß sie ihren Zweck verfehlte, daran ist nur Rom, nicht Cato schuld. –

Dasselbe läßt sich auch auf den Einwurf erwidern, als hätte Cato sich seiner Familie erhalten müssen. Cato war der Mann nicht, der sich im engen Kreise des Familienlebens hätte bewegen können; auch sehe ich nicht ein, warum er es hätte tun sollen: seinen Freunden nützte sein Tod mehr als sein Leben, seine *Porcia* hatte einen *Brutus* gefunden, sein Sohn war erzogen; der Schluß dieser Erziehung war der Selbstmord des Vaters, er war die letzte große Lehre für den Sohn. Daß derselbe sie verstand, lehrte die Schlacht bei *Philippi*. –

Das Resultat dieser Untersuchung liegt in Ludens Worten: *»Wer fragen kann, ob Cato durch seine Tugend nicht Rom mehr geschadet habe als genützt, der hat weder Roms Art erkannt noch Catos Seele noch den Sinn des menschlichen Lebens.«*
Nimmt man nun alle diese angeführten Gründe und Umstän-

de zusammen, so wird man leicht einsehen, daß Cato seinem Charakter und seinen Grundsätzen gemäß so handeln konnte und *mußte,* daß nur *dieser eine* Ausweg der Würde seines Lebens geziemte und daß jede andre Handlungsart seinem ganzen Leben widersprochen [haben] würde. –

Obgleich hierdurch nun Cato nicht allein entschuldigt, sondern auch gerechtfertigt wird, so hat man doch noch einen andern, keineswegs leicht zu beseitigenden Einwurf gemacht; er heißt nämlich: »Eine Handlung läßt sich nicht dadurch rechtfertigen, daß sie dem besondern Charakter eines Menschen gemäß gewesen ist. Wenn der *Charakter* selbst *fehlerhaft* war, so ist es die *Handlung* auch. Dies ist bei Cato der Fall. Er hatte nämlich nur eine sehr einseitige Entwicklung der Natur. Die Ursache, warum mit seinem Charakter die Handlung des Selbstmords übereinstimmte, lag nicht in seiner Vollkommenheit, sondern in seinen Fehlern. Es war nicht seine *Stärke* und sein *Mut*, sondern sein *Unvermögen,* sich in einer ungewohnten Lebensweise schicklich zu bewegen, welches ihm das Schwert in die Hand gab.« –

So wahr auch diese Behauptung klingt, so hört [sie] bei näherer Betrachtung doch ganz auf, einen Flecken auf Catos Handlung zu werfen. Diesem Einwurf gemäß wird gefordert, daß Cato sich nicht allein in die Rolle des *Republikaners*, sondern auch in die des *Dieners* hätte fügen sollen. Daß er dies nicht *konnte* und *wollte,* schreibt man der Unvollkommenheit seines Charakters zu. Daß aber dieses Schicken in alle Umstände eine Vollkommenheit sei, kann ich nicht einsehen, denn ich glaube, daß das große Erbteil des Mannes sei; nur *eine* Rolle spielen, nur in einer Gestalt sich zeigen, nur in das, was er als wahr und recht erkannt hat, sich fügen zu können. Ich behaupte also im Gegenteil, daß grade dieses Unvermögen, sich in eine seinen heiligsten Rechten, seinen heiligsten Grundsätzen widersprechende Lage zu finden, von der *Größe*, nicht von der *Einseitigkeit* und *Unvollkommenheit* des Cato zeugt.

Wie groß aber seine Beharrlichkeit bei dem war, was er als wahr und recht erkannt hatte, kann uns sein *Tod selbst* lehren. Wenig Menschen werden je gefunden worden sein, die den Entschluß zu sterben mit so viel Ruhe haben fassen, mit so viel Beharrlichkeit haben ausführen können. Sagt auch *Herder* verächtlich: *»jener Römer, der im Zorne sich die Wunden aufriß!«* so ist doch dies ewig und sicher wahr, daß grade der Umstand, daß Cato leben blieb und doch nicht zurückzog, daß *grade* der Umstand die Tat nur noch *großartiger* macht.

So handelte, *so* lebte, *so* starb Cato. Er selbst der Repräsentant römischer Größe, der Letzte eines untergesunknen Heldenstamms, der Größte seiner Zeit! Sein Tod der Schlußstein für den ersten Gedanken seines Lebens, seine Tat ein Denkmal im Herzen aller Edlen, das über Tod und Verwesung triumphiert, das unbewegt steht im flutenden Strome der Ewigkeit! Rom, die Riesin, stürzte, Jahrhunderte gingen an seinem Grabe vorüber, die Weltgeschichte schüttelte über ihm ihre Lose, und noch steht Catos Namen neben der Tugend und *wird* neben ihr stehn, so lange das große Urgefühl für *Vaterland* und *Freiheit* in der Brust des Menschen glüht! –

Der Hessische Landbote

Erste Botschaft

Darmstadt, im Juli 1834

Vorbericht

Dieses Blatt soll dem hessischen Lande die Wahrheit melden, aber wer die Wahrheit sagt, wird gehenkt; ja sogar der, welcher die Wahrheit liest, wird durch meineidige Richter vielleicht gestraft. Darum haben die, welchen dies Blatt zukommt, folgendes zu beobachten:

1. Sie müssen das Blatt sorgfältig außerhalb ihres Hauses vor der Polizei verwahren;
2. sie dürfen es nur an treue Freunde mitteilen;
3. denen, welchen sie nicht trauen wie sich selbst, dürfen sie es nur heimlich hinlegen;
4. würde das Blatt dennoch bei einem gefunden, der es gelesen hat, so muß er gestehen, daß er es eben dem Kreisrat habe bringen wollen;
5. wer das Blatt nicht gelesen hat, wenn man es bei ihm findet, der ist natürlich ohne Schuld.

Friede den Hütten! Krieg den Palästen!

Im Jahre 1834 siehet es aus, als würde die Bibel Lügen gestraft. Es siehet aus, als hätte Gott die Bauern und Handwerker am fünften Tage und die Fürsten und Vornehmen am sechsten gemacht, und als hätte der Herr zu diesen gesagt: »Herrschet über alles Getier, das auf Erden kriecht«, und hätte die Bauern und Bürger zum Gewürm gezählt. Das Leben der *Vornehmen* ist ein langer Sonntag: sie wohnen in schönen Häusern, sie tragen zierliche Kleider, sie haben feiste Gesichter und reden eine eigne Sprache; das Volk aber liegt vor ihnen wie Dünger auf dem Acker. Der Bauer geht hinter dem Pflug, der *Vornehme* aber geht hinter ihm und dem

Pflug und treibt ihn mit den Ochsen am Pflug, er nimmt das Korn und läßt ihm die Stoppeln. Das Leben des Bauern ist ein langer Werktag; Fremde verzehren seine Äcker vor seinen Augen, sein Leib ist eine Schwiele, sein Schweiß ist das Salz auf dem Tische des Vornehmen.

Im Großherzogtum Hessen sind 718 373 Einwohner, die geben an den Staat jährlich an 6 363 436 Gulden, als

1. Direkte Steuern	2 128 131	Fl.
2. Indirekte Steuern	2 478 264	"
3. Domänen	1 547 394	"
4. Regalien	46 938	"
5. Geldstrafen	98 511	"
6. Verschiedene Quellen	64 198	"
	6 363 436	Fl.

Dies Geld ist der Blutzehnte, der von dem Leib des Volkes genommen wird. An 700 000 Menschen schwitzen, stöhnen und hungern dafür. Im Namen des Staates wird es erpreßt, die Presser berufen sich auf die Regierung, und die Regierung sagt, das sei nötig, die Ordnung im Staat zu erhalten. Was ist denn nun das für gewaltiges Ding: der Staat? Wohnt eine Anzahl Menschen in einem Land und es sind Verordnungen oder Gesetze vorhanden, nach denen jeder sich richten muß, so sagt man, sie bilden einen Staat. Der Staat sind also *alle;* die Ordner im Staate sind die Gesetze, durch welche das Wohl *aller* gesichert wird und die aus dem Wohl *aller* hervorgehen sollen. – Seht nun, was man in dem Großherzogtum aus dem Staat gemacht hat; seht, was es heißt: die Ordnung im Staate erhalten! 700 000 Menschen bezahlen dafür 6 Millionen, d. h. sie werden zu Ackergäulen und Pflugstieren gemacht, damit sie in Ordnung leben. In Ordnung leben heißt hungern und geschunden werden.

Wer sind denn die, welche diese Ordnung gemacht haben und die wachen, diese Ordnung zu erhalten? Das ist die Großherzogliche Regierung. Die Regierung wird gebildet von dem Großherzog und seinen obersten Beamten. Die andern Beamten sind Männer, die von der Regierung berufen werden, um jene Ordnung in Kraft zu erhalten. Ihre Anzahl ist Legion: Staatsräte und Regierungsräte, Landräte und Kreisräte, geistliche Räte und Schulräte, Finanzräte und Forsträte usw. mit allem ihrem Heer von Sekretären usw. Das Volk ist ihre Herde, sie sind seine Hirten, Melker und Schinder; sie haben die Häute der Bauern an, der Raub der Armen ist in ihrem Hause; die Tränen der Witwen und Waisen sind das Schmalz auf ihren Gesichtern; sie herrschen frei und ermahnen das Volk zur Knechtschaft. Ihnen gebt ihr 6 000 000 Fl. Abgaben; sie haben dafür die Mühe, euch zu regieren; d. h. sich von euch füttern zu lassen und euch eure Menschen- und Bürgerrechte zu rauben. Sehet, was die Ernte eures Schweißes ist!

Für das Ministerium des Innern und der Gerechtigkeitspflege werden bezahlt 1 110 607 Gulden. Dafür habt ihr einen Wust von Gesetzen, zusammengehäuft aus willkürlichen Verordnungen aller Jahrhunderte, meist geschrieben in einer fremden Sprache. Der Unsinn aller vorigen Geschlechter hat sich darin auf euch vererbt, der Druck, unter dem sie erlagen, sich auf euch fortgewälzt. Das Gesetz ist das Eigentum einer unbedeutenden Klasse von *Vornehmen* und Gelehrten, die sich durch ihr eignes Machwerk die Herrschaft zuspricht. Diese Gerechtigkeit ist nur ein Mittel, euch in Ordnung zu halten, damit man euch bequemer schinde; sie spricht nach Gesetzen, die ihr nicht versteht, nach Grundsätzen, von denen ihr nichts wißt, Urteile, von denen ihr nichts begreift. Unbestechlich ist sie, weil sie sich gerade teuer genug bezahlen läßt, um keine Bestechung zu brauchen. Aber die meisten ihrer Diener sind der Regierung mit Haut und Haar verkauft. Ihre Ruhestühle stehen auf einem Geldhaufen von 461 373 Gulden (so viel betragen die Ausgaben für die Gerichtshöfe und die Kriminalkosten). Die Fräcke, Stöcke und Säbel ihrer unverletzlichen Diener sind mit dem Silber von 197 502

Gulden beschlagen (so viel kostet die Polizei überhaupt, die Gendarmerie usw.). Die Justiz ist in Deutschland seit Jahrhunderten die Hure der deutschen Fürsten. Jeden Schritt zu ihr müßt ihr mit Silber pflastern, und mit Armut und Erniedrigung erkauft ihr ihre Sprüche. Denkt an das Stempelpapier, denkt an euer Bücken in den Amtsstuben und euer Wachestehen vor denselben. Denkt an die Sporteln für Schreiber und Gerichtsdiener. Ihr dürft euern Nachbar verklagen, der euch eine Kartoffel stiehlt; aber klagt einmal über den Diebstahl, der von Staats wegen unter dem Namen von Abgabe und Steuern jeden Tag an eurem Eigentum begangen wird, damit eine Legion unnützer Beamten sich von eurem Schweiße mästen; klagt einmal, daß ihr der Willkür einiger Fettwänste überlassen seid und daß diese Willkür Gesetz heißt, klagt, daß ihr die Ackergäule des Staates seid; klagt über eure verlorne Menschenrechte: wo sind die Gerichtshöfe, die eure Klage annehmen, wo die Richter, die Recht sprächen? – Die Ketten eurer Vogelsberger Mitbürger, die man nach Rockenburg schleppte, werden euch Antwort geben.

Und will endlich ein Richter oder ein andrer Beamte von den wenigen, welchen das Recht und das gemeine Wohl lieber ist als ihr Bauch und der Mammon, ein Volksrat und kein Volksschinder sein, so wird er von den obersten Räten des Fürsten selber geschunden.

Für das Ministerium der Finanzen 1 551 502 Fl.

Damit werden die Finanzräte, Obereinnehmer, Steuerboten, die Untererheber besoldet. Dafür wird der Ertrag eurer Äcker berechnet und eure Köpfe gezählt. Der Boden unter euren Füßen, der Bissen zwischen euren Zähnen ist besteuert. Dafür sitzen die Herren in Fräcken beisammen, und das Volk steht nackt und gebückt vor ihnen; sie legen die Hände an seine Lenden und Schultern und rechnen aus, wie viel es noch tragen kann, und wenn sie barmherzig sind, so geschieht es nur, wie man ein Vieh schont, das man nicht so sehr angreifen will.

Für das Militär wird bezahlt 914 820 Gulden.

Dafür kriegen eure Söhne einen bunten Rock auf den Leib, ein Gewehr oder eine Trommel auf die Schulter und dürfen jeden Herbst einmal blind schießen und erzählen, wie die Herren vom Hof und die ungeratenen Buben vom Adel allen Kindern ehrlicher Leute vorgehen und mit ihnen in den breiten Straßen der Städte herumziehen mit Trommeln und Trompeten. Für jene 900 000 Gulden müssen eure Söhne den Tyrannen schwören und Wache halten an ihren Palästen. Mit ihren Trommeln übertäuben sie eure Seufzer, mit ihren Kolben zerschmettern sie euch den Schädel, wenn ihr zu denken wagt, daß ihr freie Menschen seid. Sie sind die gesetzlichen Mörder, welche die gesetzlichen Räuber schützen; denkt an Södel! Eure Brüder, eure Kinder waren dort Bruder- und Vatermörder.

Für die Pensionen 480 000 Gulden.

Dafür werden die Beamten aufs Polster gelegt, wenn sie eine gewisse Zeit dem Staate treu gedient haben, d. h. wenn sie eifrige Handlanger bei der regelmäßig eingerichteten Schinderei gewesen, die man Ordnung und Gesetz heißt.

Für das Staatsministerium und den Staatsrat 174 600 Gulden.

Die größten Schurken stehen wohl jetzt allerwärts in Deutschland den Fürsten am nächsten, wenigstens im Großherzogtum. Kommt ja ein ehrlicher Mann in einen Staatsrat, so wird er ausgestoßen. Könnte aber auch ein ehrlicher Mann jetzo Minister sein oder bleiben, so wäre er, wie die Sachen stehn in Deutschland, nur eine Drahtpuppe, an der die fürstliche Puppe zieht; und an dem fürstlichen Popanz zieht wieder ein Kammerdiener oder ein Kutscher oder seine Frau und ihr Günstling oder sein Halbbruder – oder alle zusammen. *In Deutschland stehet es jetzt, wie der Prophet Micha schreibt, Kap.7, V. 3 und 4: »Die Gewaltigen raten nach ihrem Mutwillen, Schaden zu tun, und drehen es, wie sie es wollen. Der Beste unter ihnen ist wie ein Dorn, und der Redlichste wie eine Hecke.« Ihr müßt die Dörner und Hecken teuer bezahlen; denn ihr müßt ferner für das großherzogliche Haus und den Hofstaat 827 772 Gulden bezahlen.*

Die Anstalten, die Leute, von denen ich bis jetzt gesprochen, sind nur Werkzeuge, sind nur Diener. Sie tun nichts in ihrem Namen, unter der Ernennung zu ihrem Amt steht ein L., das bedeutet *Ludwig* von Gottes Gnaden, und sie sprechen mit Ehrfurcht: »Im Namen des Großherzogs.« Dies ist ihr Feldgeschrei, wenn sie euer Gerät versteigern, euer Vieh wegtreiben, euch in den Kerker werfen. Im Namen des Großherzogs sagen sie, und der Mensch, den sie so nennen, heißt: unverletzlich, heilig, souverän, königliche Hoheit. Aber tretet zu dem Menschenkinde und blickt durch seinen Fürstenmantel. Es ißt, wenn es hungert, und schläft, wenn sein Auge dunkel wird. Sehet, es kroch so nackt und weich in die Welt wie ihr und wird so hart und steif hinausgetragen wie ihr, und doch hat es seinen Fuß auf eurem Nacken, hat 700 000 Menschen an seinem Pflug, hat Minister, die verantwortlich sind für das, was es tut, hat Gewalt über euer Eigentum durch die Steuern, die es ausschreibt, über euer Leben durch die Gesetze, die es macht, es hat adliche Herrn und Damen um sich, die man Hofstaat heißt, und seine göttliche Gewalt vererbt sich auf seine Kinder mit Weibern, welche aus ebenso übermenschlichen Geschlechtern sind.

Wehe über euch Götzendiener! – Ihr seid wie die Heiden, die das Krokodil anbeten, von dem sie zerrissen werden. Ihr setzt ihm eine Krone auf, aber es ist eine Dornenkrone, die ihr euch selbst in den Kopf drückt; ihr gebt ihm ein Zepter in die Hand, aber es ist eine Rute, womit ihr gezüchtigt werdet; ihr setzt ihn auf euern Thron, aber es ist ein Marterstuhl für euch und eure Kinder. Der Fürst ist der Kopf des Blutigels, der über euch hinkriecht, die Minister sind seine Zähne und die Beamten sein Schwanz. Die hungrigen Mägen aller vornehmen Herren, denen er die hohen Stellen verteilt, sind Schröpfköpfe, die er dem Lande setzt. Das L., was unter seinen Verordnungen steht, ist das Malzeichen des Tieres, das die Götzendiener unserer Zeit anbeten. Der Fürstenmantel ist der Teppich, auf dem sich die Herren und Damen vom Adel und Hofe in ihrer Geilheit übereinander wälzen – mit Orden und Bändern decken sie ihre Geschwüre, und mit kostbaren Gewändern bekleiden sie ihre aussätzigen Leiber. Die Töchter des Volks sind ihre Mägde und Huren, die Söhne des Volks ihre Lakaien und Soldaten. Geht einmal nach Darmstadt und seht, wie die Herren sich für euer Geld dort lustig machen, und erzählt dann euern hungernden Weibern und Kindern, daß ihr Brot an fremden Bäuchen herrlich angeschlagen sei, erzählt ihnen von den schönen Kleidern, die in ihrem Schweiß gefärbt, und von den zierlichen Bändern, die aus den Schwielen ihrer Hände geschnitten sind, erzählt von den stattlichen Häusern, die aus den Knochen des Volks gebaut sind; und dann kriecht in eure rauchigen Hütten und bückt euch auf euren steinichten Äckern, damit eure Kinder auch einmal hingehen können, wenn ein Erbprinz mit einer Erbprinzessin für einen andern Erbprinzen Rat schaffen will, und durch die geöffneten Glastüren das Tischtuch sehen, wovon die Herren speisen, und die Lampen riechen, aus denen man mit dem Fett der Bauern illuminiert.

Das alles duldet ihr, weil euch Schurken sagen: diese Regierung sei von Gott. Diese Regierung ist nicht von Gott, sondern vom Vater der Lügen. Diese deutschen Fürsten sind keine rechtmäßige Obrigkeit, sondern die rechtmäßige Obrigkeit, den deutschen Kaiser, der vormals vom Volke frei gewählt wurde, haben sie seit Jahrhunderten verachtet und endlich gar verraten. Aus Verrat und Meineid, und nicht aus der Wahl des Volkes, ist die Gewalt der deutschen Fürsten hervorgegangen, und darum ist ihr Wesen und Tun von Gott verflucht; ihre Weisheit ist Trug, ihre Gerechtigkeit ist Schinderei. Sie zertreten das Land und zerschlagen die Person des Elenden. Ihr lästert Gott, wenn ihr einen dieser Fürsten einen Gesalbten des Herrn nennt, d. h. Gott habe die Teufel gesalbt und zu Fürsten über die deutsche Erde gesetzt. Deutschland, unser liebes Vaterland, haben diese Fürsten zerrissen, den Kaiser, den unsere freien Voreltern wählten, haben diese Fürsten verraten, und nun fordern diese Verräter und Menschenquäler

Treue von euch! – Doch das Reich der Finsternis neiget sich zum Ende. Über ein kleines, und Deutschland, das jetzt die Fürsten schinden, wird als ein Freistaat mit einer vom Volk gewählten Obrigkeit wieder auferstehn. Die Heilige Schrift sagt: »Gebet dem Kaiser, was des Kaisers ist.« Was ist aber dieser Fürsten, der Verräter? – Das Teil von Judas!

Für die Landstände 16 000 Gulden.

Im Jahr 1789 war das Volk in Frankreich müde, länger die Schindmähre seines Königs zu sein. Es erhob sich und berief Männer, denen es vertraute, und die Männer traten zusammen und sagten, ein König sei ein Mensch wie ein anderer auch, er sei nur der erste Diener im Staat, er müsse sich vor dem Volk verantworten, und wenn er sein Amt schlecht verwalte, könne er zur Strafe gezogen werden. Dann erklärten sie die Rechte des Menschen: »Keiner erbt vor dem andern mit der Geburt ein Recht oder einen Titel, keiner erwirbt mit dem Eigentum ein Recht vor dem andern. Die höchste Gewalt ist in dem Willen aller oder der Mehrzahl. Dieser Wille ist das Gesetz, er tut sich kund durch die Landstände oder die Vertreter des Volks, sie werden von allen gewählt, und jeder kann gewählt werden; diese Gewählten sprechen den Willen ihrer Wähler aus, und so entspricht der Wille der Mehrzahl unter ihnen dem Willen der Mehrzahl unter dem Volke; der König hat nur für die Ausübung der von ihnen erlassenen Gesetze zu sorgen.« Der König schwur, dieser Verfassung treu zu sein; er wurde aber meineidig an dem Volke, und das Volk richtete ihn, wie es einem Verräter geziemt. Dann schafften die Franzosen die erbliche Königswürde ab und wählten frei eine neue Obrigkeit, wozu jedes Volk nach der Vernunft und der Heiligen Schrift das Recht hat. Die Männer, die über die Vollziehung der Gesetze wachen sollten, wurden von der Versammlung der Volksvertreter ernannt, sie bildeten die neue Obrigkeit. Sie waren Regierung und Gesetzgeber vom Volk gewählt, und Frankreich war ein Freistaat.

Die übrigen Könige aber entsetzten sich vor der Gewalt des

französischen Volkes; sie dachten, sie könnten alle über der ersten Königsleiche den Hals brechen und ihre mißhandelten Untertanen möchten bei dem Freiheitsruf der Franken erwachen. Mit gewaltigem Kriegsgerät und reisigem Zeug stürzten sie von allen Seiten auf Frankreich, und ein großer Teil der Adligen und *Vornehmen* im Lande stand auf und schlug sich zu dem Feind. Da ergrimmte das Volk und erhob sich in seiner Kraft. Es erdrückte die Verräter und zerschmetterte die Söldner der Könige. Die junge Freiheit wuchs im Blut der Tyrannen, und vor ihrer Stimme bebten die Throne und jauchzten die Völker. Aber die Franzosen verkauften selbst ihre junge Freiheit für den Ruhm, den ihnen Napoleon darbot, und erhoben ihn auf den Kaiserthron. – Da ließ der Allmächtige das Heer des Kaisers in Rußland erfrieren und züchtigte Frankreich durch die Knute der Kosaken und gab den Franzosen die dickwanstigen Bourbonen wieder zu Königen, damit Frankreich sich bekehre vom Götzendienst der erblichen Königsherrschaft und dem Gotte diene, der die Menschen frei und gleich geschaffen. Aber als die Zeit seiner Strafe verflossen war und tapfere Männer im Julius 1830 den meineidigen König Karl den Zehnten aus dem Lande jagten, da wendete dennoch das befreite Frankreich sich abermals zur halberblichen Königsherrschaft und band sich in dem Heuchler Louis Philipp eine neue Zuchtrute auf. In Deutschland und ganz Europa aber war große Freude, als der zehnte Karl vom Thron gestürzt ward, und die unterdrückten deutschen Länder rüsteten sich zum Kampf für die Freiheit. Da ratschlagten die Fürsten, wie sie dem Grimm des Volkes entgehen sollten, und die listigen unter ihnen sagten: Laßt uns einen Teil unserer Gewalt abgeben, daß wir das übrige behalten. Und sie traten vor das Volk und sprachen: Wir wollen euch die Freiheit schenken, um die ihr kämpfen wollt. Und zitternd vor Furcht warfen sie einige Brocken hin und sprachen von ihrer Gnade. Das Volk traute ihnen leider und legte sich zur Ruhe. – Und so ward Deutschland betrogen wie Frankreich.

Denn was sind diese Verfassungen in Deutschland? Nichts als leeres Stroh, woraus die Fürsten die Körner für sich herausgeklopft haben. Was sind unsere Landtage? Nichts als langsame Fuhrwerke, die man einmal oder zweimal wohl der Raubgier der Fürsten und ihrer Minister in den Weg schiebt, woraus man aber nimmermehr eine feste Burg für deutsche Freiheit bauen kann. Was sind unsere Wahlgesetze? Nichts als Verletzungen der Bürger- und Menschenrechte der meisten Deutschen. Denkt an das Wahlgesetz im Großherzogtum, wornach keiner gewählt werden kann, der nicht hochbegütert ist, wie rechtschaffen und gutgesinnt er auch sei, wohl aber der *Grolmann*, der euch um die zwei Millionen bestehlen wollte. *Denkt an die Verfassung des Großherzogtums. – Nach den Artikeln derselben ist der Großherzog unverletzlich, heilig und unverantwortlich. Seine Würde ist erblich in seiner Familie, er hat das Recht, Krieg zu führen, und ausschließliche Verfügung über das Militär. Er beruft die Landstände, vertagt sie oder löst sie auf. Die Stände dürfen keinen Gesetzesvorschlag machen, sondern sie müssen um das Gesetz bitten, und dem Gutdünken des Fürsten bleibt es unbedingt überlassen, es zu geben oder zu verweigern. Er bleibt im Besitz einer fast unumschränkten Gewalt, nur darf er keine neuen Gesetze machen und keine neuen Steuern ausschreiben ohne Zustimmung der Stände. Aber teils kehrt er sich nicht an diese Zustimmung, teils genügen ihm die alten Gesetze, die das Werk der Fürstengewalt sind, und er bedarf darum keiner neuen Gesetze. Eine solche Verfassung ist ein elend jämmerlich Ding. Was ist von Ständen zu erwarten, die an eine solche Verfassung gebunden sind? Wenn unter den Gewählten auch keine Volksverräter und feige Memmen wären, wenn sie aus lauter entschlossenen Volksfreunden bestünden? Was ist von Ständen zu erwarten, die kaum die elenden Fetzen einer armseligen Verfassung zu verteidigen vermögen! – Der einzige Widerstand, den sie zu leisten vermochten, war die Verweigerung der zwei Millionen Gulden, die sich der Großherzog von dem überschul-*

deten Volke wollte schenken lassen zur Bezahlung seiner Schulden. – Hätten aber auch die Landstände des Großherzogtums genügende Rechte, und hätte das Großherzogtum, aber nur das Großherzogtum allein, eine wahrhafte Verfassung, so würde die Herrlichkeit doch bald zu Ende sein. Die Raubgeier in Wien und Berlin würden ihre Henkerskrallen ausstrecken und die kleine Freiheit mit Rumpf und Stumpf ausrotten. Das ganze deutsche Volk muß sich die Freiheit erringen. Und diese Zeit, geliebte Mitbürger, ist nicht ferne. – Der Herr hat das schöne deutsche Land, das viele Jahrhunderte das herrlichste Reich der Erde war, in die Hände der fremden und einheimischen Schinder gegeben, weil das Herz des deutschen Volkes von der Freiheit und Gleichheit seiner Voreltern und von der Furcht des Herrn abgefallen war, weil ihr dem Götzendienste der vielen Herrlein, Kleinherzoge und Däumlings-Könige euch ergeben hattet.

Der Herr, der den Stecken des fremden Treibers Napoleon zerbrochen hat, wird auch die Götzenbilder unserer einheimischen Tyrannen zerbrechen durch die Hände des Volks. Wohl glänzen diese Götzenbilder von Gold und Edelsteinen, von Orden und Ehrenzeichen, aber in ihrem Innern stirbt der Wurm nicht, und ihre Füße sind von Lehm. – Gott wird euch Kraft geben, ihre Füße zu zerschmeißen, sobald ihr euch bekehret von dem Irrtum eures Wandels und die Wahrheit erkennet: daß nur ein Gott ist und keine Götter neben ihm, die sich Hoheiten und Allerhöchste, heilig und unverantwortlich nennen lassen, daß Gott alle Menschen frei und gleich in ihren Rechten schuf, und daß keine Obrigkeit von Gott zum Segen verordnet ist als die, welche auf das Vertrauen des Volkes sich gründet und vom Volke ausdrücklich oder stillschweigend erwählt ist; daß dagegen die Obrigkeit, die Gewalt, aber kein Recht über ein Volk hat, nur also von Gott ist, wie der Teufel auch von Gott ist, und daß der Gehorsam gegen eine solche Teufelsobrigkeit nur so lange gilt, bis ihre Teufelsgewalt gebrochen werden kann – daß der Gott, der ein Volk durch eine Sprache zu einem Leibe vereinigte, die Gewaltigen, die es

*zerfleischen und vierteilen oder gar in dreißig Stücke zerreißen,
als Volksmörder und Tyrannen hier zeitlich und dort ewiglich
strafen wird, denn die Schrift sagt: was Gott vereinigt hat, soll
der Mensch nicht trennen; und daß der Allmächtige, der aus der
Einöde ein Paradies schaffen kann, auch ein Land des Jammers
und des Elends wieder in ein Paradies umschaffen kann, wie un-
ser teuerwertes Deutschland war, bis seine Fürsten es zerfleisch-
ten und schunden.*

*Weil das deutsche Reich morsch und faul war und die Deut-
schen von Gott und von der Freiheit abgefallen waren, hat Gott
das Reich zu Trümmern gehen lassen, um es zu einem Freistaat
zu verjüngen. Er hat eine Zeitlang den Satansengeln Gewalt ge-
geben, daß sie Deutschland mit Fäusten schlügen, er hat den Ge-
waltigen und Fürsten, die in der Finsternis herrschen, den bösen
Geistern unter dem Himmel (Ephes. 6), Gewalt gegeben, daß sie
Bürger und Bauern peinigten und ihr Blut aussaugten und ihren
Mutwillen trieben mit allen, die Recht und Freiheit mehr lieben
als Unrecht und Knechtschaft. – Aber ihr Maß ist voll!*

*Sehet an das von Gott gezeichnete Scheusal, den König Lud-
wig von Bayern, den Gotteslästerer, der redliche Männer vor sei-
nem Bild niederzuknien zwingt und die, welche die Wahrheit
bezeugen, durch meineidige Richter zum Kerker verurteilen
läßt; das Schwein, das sich in allen Lasterpfützen von Italien
wälzte, den Wolf, der sich für seinen Baals-Hofstaat für immer
jährlich fünf Millionen durch meineidige Landstände verwilli-
gen läßt, und fragt dann: »Ist das eine Obrigkeit von Gott, zum
Segen verordnet?«*

> *Ha! du wärst Obrigkeit von Gott?
> Gott spendet Segen aus;
> Du raubst, du schindest, kerkerst ein,
> Du nicht von Gott, Tyrann!*

*Ich sage euch: sein und seiner Mitfürsten Maß ist voll. Gott, der
Deutschland um seiner Sünden willen geschlagen hat durch die-*

se Fürsten, wird es wieder heilen. »Er wird die Hecken und Dörner niederreißen und auf einem Haufen verbrennen.« Jesaias 27, 4. So wenig der Höcker noch wächset, womit Gott diesen König Ludwig gezeichnet hat, so wenig werden die Schandtaten dieser Fürsten noch wachsen können. Ihr Maß ist voll. Der Herr wird ihre Körper zerschmeißen, und in Deutschland wird dann Leben und Kraft als Segen der Freiheit wieder erblühen. Zu einem großen Leichenfelde haben die Fürsten die deutsche Erde gemacht, wie Ezechiel im 37. Kapitel beschreibt: »Der Herr führte mich auf ein weites Feld, das voller Gebeine lag, und siehe, sie waren sehr verdorrt.« Aber wie lautet des Herrn Wort zu den verdorrten Gebeinen: »Siehe, ich will euch Adern geben und Fleisch lassen über euch wachsen, und euch mit Haut überziehen, und will euch Odem geben, daß ihr wieder lebendig werdet; und sollt erfahren, daß Ich der Herr bin.« Und des Herrn Wort wird auch an Deutschland sich wahrhaftig beweisen, wie der Prophet spricht: »Siehe, es rauschte und regte sich, und die Gebeine kamen wieder zusammen, ein jegliches zu seinem Gebein. – Da kam Odem in sie, und sie wurden wieder lebendig und richteten sich auf ihre Füße, und ihrer war ein sehr groß Heer.«

Wie der Prophet schreibet, also stand es bisher in Deutschland: eure Gebeine sind verdorrt, denn die Ordnung, in der ihr lebt, ist eitel Schinderei. Sechs Millionen bezahlt ihr im Großherzogtum einer Handvoll Leute, deren Willkür euer Leben und Eigentum überlassen ist, und die anderen in dem zerrissenen Deutschland gleich also. Ihr seid nichts, ihr habt nichts! Ihr seid rechtlos. Ihr müsset geben, was eure unersättlichen Presser fordern, und tragen, was sie euch aufbürden. So weit ein Tyrann blicket – und Deutschland hat deren wohl dreißig –, verdorret Land und Volk. Aber wie der Prophet schreibet, so wird es bald stehen in Deutschland: der Tag der Auferstehung wird nicht säumen. In dem Leichenfelde wird sichs regen und wird rauschen, und der Neubelebten wird ein großes Heer sein.

Hebt die Augen auf und zählt das Häuflein eurer Presser, die nur stark sind durch das Blut, das sie euch aussaugen, und durch eure Arme, die ihr ihnen willenlos leihet. Ihrer sind vielleicht 10 000 im Großherzogtum und eurer sind es 700 000, und also verhält sich die Zahl des Volkes zu seinen Pressern auch im übrigen Deutschland. Wohl drohen sie mit dem Rüstzeug und den Reisigen der Könige, aber ich sage euch: Wer das Schwert erhebt gegen das Volk, der wird durch das Schwert des Volkes umkommen. Deutschland ist jetzt ein Leichenfeld, bald wird es ein Paradies sein. Das deutsche Volk ist ein Leib, ihr seid ein Glied dieses Leibes. Es ist einerlei, wo die Scheinleiche zu zukken anfängt. Wann der Herr euch seine Zeichen gibt durch die Männer, durch welche er die Völker aus der Dienstbarkeit zur Freiheit führt, dann erhebet euch, und der ganze Leib wird mit euch aufstehen.

Ihr bücktet euch lange Jahre in den Dornäckern der Knechtschaft, dann schwitzt ihr einen Sommer im Weinberge der Freiheit und werdet frei sein bis ins tausendste Glied.

Ihr wühltet ein langes Leben die Erde auf, dann wühlt ihr euren Tyrannen ein Grab. Ihr bautet die Zwingburgen, dann stürzt ihr sie und bauet der Freiheit Haus. Dann könnt ihr eure Kinder frei taufen mit dem Wasser des Lebens. Und bis der Herr euch ruft durch seine Boten und Zeichen, wachet und rüstet euch im Geiste und betet ihr selbst und lehrt eure Kinder beten: »Herr, zerbrich den Stecken unserer Treiber und laß dein Reich zu uns kommen – das Reich der Gerechtigkeit. Amen.«

Biographische Skizze

Am 17. Oktober 1813 wird Karl Georg Büchner als erstes von sechs Kindern zu Goddelau (Großherzogtum Hessen-Darmstadt) geboren. Der Vater Ernst Büchner (geb. 1786) setzt als Mediziner die Familientradition fort; die Mutter Caroline Reuß (geb. 1791), musisch veranlagt und gebildet, erteilt dem Sohn ab 1821 Elementarunterricht im Lesen, Schreiben, Rechnen sowie in der »Ausbildung des Gemüts«: Vorlesen von Märchen, Gedichten, Erzählungen. 1816 übersiedelt die Familie in die Residenzstadt Darmstadt, wo der Vater Bezirksarzt wird und seine Karriere als »Obermedizinalrat« beendet.

1822 tritt Büchner in die »Privat-Erziehungs- und Unterrichtsanstalt« von Dr. Karl Weitershausen ein. Im März 1825 wechselt er auf das Großherzogliche Ludwig-Georg-Gymnasium. 1830 hält er bei einer öffentlichen Schulfeier eine Rede zur Verteidigung des Selbstmordes Catos.

Als er das Gymnasium Ostern 1831 verläßt, war seinen Lehrern an Büchner nichts Merkwürdiges aufgefallen, was auf seinen zukünftigen literarischen Ruhm schließen ließe. Zum Unterricht gehörte das Einpauken von trockenem Wissensstoff (u.a. Münzkunde). Schulthemen des Vormittags mußten am Nachmittag in Schönschrift festgehalten werden. Außerdem: viele lateinische Klassiker, von denen Büchner das Freiheitsideal aufnimmt. Unter ihrem Einfluß beginnt er auch, sich mit den herrschenden politischen Verhältnissen zu befassen.

Im November 1831 geht Büchner als Student der Medizin nach Straßburg. Dort wohnt er bei dem verwitweten Pfarrer Johann Jakob Jaeglé, mit dessen Tochter Wilhelmine (»Minna«) er sich zwei Jahre später (1833) verlobt. In Straßburg herrschte zu jener Zeit ein reges politisches Treiben: Dort versammelten sich die politisch Unzufriedenen zweier Nationen. Die Freiheitsbegeisterung ergreift auch Büchner und seine Mitstudenten. Über den Empfang des polnischen Freiheitskämpfers und Generals Ramorino berichtet Büchner seinen Eltern brieflich:

Straßburg, nach dem 4. Dezember 1831

Als sich das Gerücht verbreitete, daß Ramorino durch Straß-burg reisen würde, eröffneten die Studenten sogleich eine Sub-skription und beschlossen, ihm mit einer schwarzen Fahne ent-gegenzuziehen. Endlich traf die Nachricht hier ein, daß Ramo-rino den Nachmittag mit den Generälen Schneider und Lan-germann ankommen würde. Wir versammelten uns sogleich in der Akademie; als wir aber durch das Tor ziehen wollten, ließ der Offizier, der von der Regierung Befehl erhalten hatte, uns mit der Fahne nicht passieren zu lassen, die Wache unter das Gewehr treten, um uns den Durchgang zu wehren. Doch wir brachen mit Gewalt durch und stellten uns drei- bis vierhun-dert Mann stark an der großen Rheinbrücke auf. An uns schloß sich die Nationalgarde an. Endlich erschien Ramorino, beglei-tet von einer Menge Reiter. Ein Student hält eine Anrede, die er beantwortet, ebenso ein Nationalgardist. Die Nationalgarden umgeben den Wagen und ziehen ihn; wir stellen uns mit der Fahne an die Spitze des Zugs, dem ein großes Musikkorps vor-marschiert. So ziehen wir in die Stadt, begleitet von einer unge-heuren Volksmenge unter Absingen der Marseillaise und der Carmagnole; überall erschallt der Ruf: Vive la liberté! vive Ra-morino! à bas les ministres! à bas le juste milieu! Die Stadt selbst illuminiert, an den Fenstern schwenken die Damen ihre Tü-cher, und Ramorino wird im Triumph bis zum Gasthof gezo-gen, wo ihm unser Fahnenträger die Fahne mit dem Wunsch überreicht, daß diese Trauerfahne sich bald in Polens Freiheits-fahne verwandeln möge. Darauf erscheint Ramorino auf dem Balkon, dankt, man ruft Vivat – und die Komödie ist fertig.

Die letzten Zeilen verraten Büchners Distanz – bei allem Engage-ment. Das Komödienhafte erscheint ihm selbst in politischen Angelegenheiten, die ihm ernst sind. Dennoch: In den beiden folgenden Jahren wird er in seinen politischen Ansichten immer entschiedener. 1832 kommt es am Rande des Pfälzer Waldes zum »Hambacher Fest« – einer Demonstrationsveranstaltung freiheitlich gesinnter oppositioneller Kräfte, die große Unruhen auslöst. Eine Auswirkung davon ist ein Putschversuch in Frankfurt, von dem Büchner durch seine Eltern Mitteilung erhält und worauf er ihnen zurückschreibt:

Straßburg, den 5. April 1833

Heute erhielt ich Euren Brief mit den Erzählungen aus Frankfurt. Meine Meinung ist die: Wenn in unserer Zeit etwas helfen soll, so ist es Gewalt. Wir wissen, was wir von unseren Fürsten zu erwarten haben. Alles, was sie bewilligten, wurde ihnen durch die Notwendigkeit abgezwungen. Und selbst das Bewilligte wurde uns hingeworfen wie eine erbettelte Gnade und ein elendes Kinderspielzeug, um dem ewigen Maulaffen Volk seine zu eng geschnürte Wickelschnur vergessen zu machen. Es ist eine blecherne Flinte und ein hölzerner Säbel, womit nur ein Deutscher die Abgeschmacktheit begehen konnte, Soldatchens zu spielen. Unsere Landstände sind eine Satire auf die gesunde Vernunft, wir können noch ein Säkulum damit herumziehen, und wenn wir die Resultate dann zusammennehmen, so hat das Volk die schönen Reden seiner Vertreter noch immer teurer bezahlt als der römische Kaiser, der seinem Hofpoeten für zwei gebrochene Verse 20000 Gulden geben ließ. Man wirft den jungen Leuten den Gebrauch der Gewalt vor. Sind wir denn aber nicht in einem ewigen Gewaltzustand? Weil wir im Kerker geboren und großgezogen sind, merken wir nicht mehr, daß wir im Loch stecken mit angeschmiedeten Händen und Füßen und einem Knebel im Munde. Was nennt Ihr denn gesetzlichen Zustand? Ein Gesetz, das die große Masse der Staatsbürger zum fronenden Vieh macht, um die unnatürlichen Bedürfnisse einer unbedeutenden und verdorbenen Minderzahl zu befriedigen?

Und dies Gesetz, unterstützt durch eine rohe Militärgewalt und durch die dumme Pfiffigkeit seiner Agenten, dies Gesetz ist eine ewige, rohe Gewalt, angetan dem Recht und der gesunden Vernunft, und ich werde mit Mund und Hand dagegen kämpfen, wo ich kann. Wenn ich an dem, was geschehen, keinen Teil genommen, und an dem, was vielleicht geschieht, keinen Teil nehmen werde, so geschieht es weder aus Mißbilligung noch aus Furcht, sondern nur weil ich im gegenwärtigen Zeitpunkt jede revolutionäre Bewegung als eine vergebliche Unternehmung betrachte und nicht die Verblendung derer teile, welche in den Deutschen ein zum Kampf für sein Recht bereites Volk sehen. Diese tolle Meinung führte die Frankfurter Vorfälle herbei, und der Irrtum büßte sich schwer. Irren ist übrigens keine Sünde, und die deutsche Indifferenz ist wirklich von der Art, daß sie alle Berechnung zuschanden macht. Ich bedaure die Unglücklichen von Herzen. Sollte keiner von meinen Freunden in die Sache verwickelt sein?

Aber nicht nur von politischen Dingen ist in dieser Zeit zu reden. Büchner verbringt in den zwei Jahren von Herbst 1831 bis Herbst 1833 in Straßburg seine glücklichste Zeit. Er hat Freunde und unternimmt Wanderungen in die Umgebung; von seinem Glück mit Minna Jaeglé, seiner drei Jahre älteren Geliebten, ist aus Briefen wenig zu erfahren. Man darf aber davon ausgehen, daß sie sich geliebt haben; sonst hätten sie sich nicht bei Büchners Weggang nach Gießen noch heimlich verlobt.

Ende Oktober immatrikuliert er sich an der Medizinischen Fakultät der Großherzoglich-Hessischen Landes-Universität Gießen. Nach einer vorläufigen Rückkehr ins Elternhaus aufgrund einer leichten Hirnhautentzündung nimmt er Anfang 1834 sein Studium der Medizin an der Universität Gießen wieder auf.

Der Hessische Landbote
Zunächst hält Büchner noch eine gewisse Distanz; er beschäftigt

sich neben seinem Medizinstudium noch mit Geschichte und Philosophie. Für Kneipengänge mit seinen Kommilitonen nimmt er sich kaum einmal Zeit. So kommt es, daß er von einigen als hochmütig angesehen wurde. Selbst seinem Vater muß von dieser Art seines Sohnes etwas zugetragen worden sein. Von diesem offensichtlich zur Rede gestellt, antwortet der Sohn in einem Brief:

Gießen, Februar 1834

Ich verachte niemanden, am wenigsten wegen seines Verstandes oder seiner Bildung, weil es in niemands Gewalt liegt, kein Dummkopf oder kein Verbrecher zu werden – weil wir durch gleiche Umstände wohl alle gleich würden und weil die Umstände außer uns liegen. Der Verstand nun gar ist nur eine sehr geringe Seite unsers geistigen Wesens und die Bildung nur eine sehr zufällige Form desselben. Wer mir eine solche Verachtung vorwirft, behauptet, daß ich einen Menschen mit Füßen träte, weil er einen schlechten Rock anhätte. Es heißt dies, eine Roheit, die man einem im Körperlichen nimmer zutrauen würde, ins Geistige übertragen, wo sie noch gemeiner ist. Ich kann jemanden einen Dummkopf nennen, ohne ihn deshalb zu verachten; die Dummheit gehört zu den allgemeinen Eigenschaften der menschlichen Dinge; für ihre Existenz kann ich nichts, es kann mir aber niemand wehren, alles, was existiert, bei seinem Namen zu nennen und dem, was mir unangenehm ist, aus dem Wege zu gehn. Jemanden kränken, ist eine Grausamkeit; ihn aber zu suchen oder zu meiden, bleibt meinem Gutdünken überlassen. Daher erklärt sich mein Betragen gegen alte Bekannte: ich kränkte keinen und sparte mir viel Langeweile; halten sie mich für hochmütig, wenn. ich an ihren Vergnügungen oder Beschäftigungen keinen Geschmack finde, so ist es eine Ungerechtigkeit; mir würde es nie einfallen, einem andern aus dem nämlichen Grunde einen ähnlichen Vorwurf zu machen. Man nennt mich einen Spötter. Es ist wahr, ich lache oft; aber ich lache nicht darüber, wie jemand ein Mensch, sondern nur darüber, daß er ein Mensch ist, wofür er ohnehin nichts kann, und lache dabei über mich selbst, der ich sein Schicksal teile. Die Leute nennen das Spott, sie vertragen es nicht, daß man sich als Narr produziert und sie duzt; sie sind Verächter, Spötter und Hochmütige, weil sie die Narrheit nur außer sich suchen. Ich habe freilich noch eine Art von Spott, es ist aber nicht der der Verachtung, sondern der des Hasses. Der Haß ist so gut erlaubt als die Liebe, und ich hege ihn im vollsten Maße gegen die, welche verachten. Es ist deren eine große Zahl, die, im Besitze einer lächerlichen Äußerlichkeit, die man Bildung, oder eines toten Krams, den man Gelehrsamkeit heißt, die große Masse ihrer Brüder ihrem verachtenden Egoismus opfern. Der Aristokratismus ist die schändlichste Verachtung des Heiligen Geistes im Menschen; gegen ihn kehre ich seine eigenen Waffen: Hochmut gegen Hochmut, Spott gegen Spott.

Ihr würdet Euch besser bei meinem Stiefelputzer nach mir umsehn; mein Hochmut und Verachtung Geistesarmer und Ungelehrter fände dort wohl ihr bestes Objekt. Ich bitte, fragt ihn einmal … Die Lächerlichkeit des Herablassens werdet Ihr mir doch wohl nicht zutrauen. Ich hoffe noch immer, daß ich leidenden, gedrückten Gestalten mehr mitleidige Blicke zugeworfen als kalten, vornehmen Herzen bittere Worte gesagt habe.

Hier erfahren wir einiges über den Charakter Büchners; auch von seiner politischen Gesinnung scheint wieder etwas durch. Um zu verstehen, warum er auf die Obrigkeit und alle, die das Obrigkeitssystem als deren Parasiten stützen, so schlecht zu sprechen ist, empfiehlt sich eine kurze Darstellung der politischen Verhältnisse.

Nach der Niederlage Napoleons war es 1815 auf dem Wiener Kongreß zu einer Neuordnung Europas gekommen; Österreich und Preußen, die größten deutschen Staaten, die um eine Vorherrschaft stritten, waren beide Mitglieder des »Deutschen Bun-

des«, eines neutralisierneden Instruments zur Befriedung der
beiden Erzgegner. Sitz und Verwaltung des Bundes befanden sich
in Frankfurt, seine »Präsidialmacht« hieß Österreich, ihr füh-
render Kopf war Klemens Fürst von Metternich (1773–1859).
Der von 1815 bis 1866 anhaltende Friede mußte innenpolitisch
teuer bezahlt werden. Er konnte nur durch einen rigiden Polizei-
staat, der alle Unruhen im Keim erstickte, aufrechterhalten wer-
den. Die stürmische Unterbrechung des März 1848 (die deutsche
»Französische Revolution«/Frankfurter Paulskirche) war dabei
auch nur eine Episode. Zugeständnisse der Obrigkeit hinsicht-
lich einer Grundrechte garantierenden Landesverfassung waren
in der Regel nichts als Lippenbekenntnisse. Unter solchen Um-
ständen mußten immer wieder Unruhen aufkommen.

Vor dem Hintergrund dieser Verhältnisse ist Büchners politisches
Engagement zu sehen.

Über seinen Freund August Becker, der »rote Becker« genannt,
macht Büchner die Bekanntschaft mit Friedrich Ludwig Weidig
(1791–1837). Er war Rektor im Städtchen Butzbach, vertrat libe-
rale Ideen und war Verfasser der illegalen Flugschrift »Leuchter
und Beleuchter für Herzen«. Obwohl Büchner mit dessen christ-
lich inspiriertem politisch-oppositionellem Denken nicht viele
Übereinstimmungen aufweist, ist er in seinem Fall nicht sehr
wählerisch: Der Mann verfügte über eine Druckerpresse. Auf ihr
wird schließlich »Der Hessische Landbote« (März bis Juli 1834)
gedruckt; wenngleich Büchner Konzessionen an Weidig machen
mußte, der die politische Flugschrift mit Bibelstellen versah, was
seines Erachtens den Bauern und einfachen Leuten entgegenkam.

Zu gleicher Zeit (März 1834) gründet Büchner in Gießen eine
»Gesellschaft der Menschenrechte«, eine im Untergrund arbei-
tende Gruppe politisch Oppositioneller, zu denen neben Studen-
ten auch einfache Handwerker gehören. Das ist kein bloßer De-
battierklub; es werden Flugblatt-Aktionen geplant und Muni-
tionsvorräte angelegt. Doch das Unternehmen des »Landboten«

scheitert: zum einen, weil der Besitz des »staatsfeindlichen Papiers« Hochverrat ist, der entsprechend drakonisch geahndet wird, weshalb die meisten Exemplare von den Empfängern umgehend bei der Polizei abgeliefert werden. Zum anderen, weil es von einem Denunzianten aus der unmittelbaren Umgebung Weidigs verraten wird.

Es folgen Hausdurchsuchungen, Verhaftungen mehrerer Beteiligter, Ärger mit Polizei und Gericht. Dabei beweist Büchner taktisches Geschick und seinen Eltern gegenüber diplomatische Verstellungskunst; möglicherweise ist es auch die Position des Vaters, die ihm in mancher Hinsicht zugute kommt. Nach Ende des Sommersemesters kehrt Büchner ins Elternhaus zurück, wo er unter elterliche Aufsicht gestellt wird. Man eröffnet ihm, daß er auch den Winter über zu Hause bleiben müsse – er wird gewußt haben, warum er in diesen Hausarrest einwilligte.

Im Januar 1835 kommt es dennoch zu Verhören vor dem Untersuchungsrichter in Offenbach und Friedberg. Am 9. März entschließt Büchner sich zur Flucht nach Straßburg. Am 13. Juni erläßt man einen Steckbrief gegen ihn.

1836 im französischen Exil verfaßt er seine Abhandlung »Über das Nervensystem der Barbe«, mit der er an der Philosophischen Fakultät der Universität Zürich promoviert. Im Oktober übersiedelt er dorthin, wo er eine öffentliche Probevorlesung hält und anschließend zum »Privatdozenten« ernannt wird. Er erwirbt eine provisorische Aufenthaltsgenehmigung und beginnt im November Vorlesungen über vergleichende Anatomie.

Bis Ende 1834 hatte Büchner außer seiner politischen Schrift *Der Hessische Landbote* keines seiner (wesentlichen) literarischen Werke geschrieben. Für diese blieben ihm bis zu seinem Tod durch Typhus (am 19. Februar 1837) etwas mehr als zwei Jahre: *Dantons Tod* und die Fragment gebliebene Novelle *Lenz* 1835, *Leonce und Lena* und das Fragment gebliebene Drama *Woyzeck* 1836.